Progreso y fortalecimiento de derechos fundamentales de nueva generación en el estado de Durango

Dr. Cristián Jafet Montenegro Cháirez

DEDICATORIA:

Dedicando siempre a Dios por poner a las personas adecuadas en mi vida, sobre todo al motor que me impulsa a ser mejor cada día a mi hijo Cristián Gael Montenegro

AGRADECIMIENTOS:

En primer término quiero agradecer a **DIOS POR SIEMPRE ESTAR CONMIGO**. En el transcurso de este tiempo en el que curse el Doctorado hubo muchas cosas, hubo momentos buenos y también malos, muchos aprendizajes, lecciones de vida durante estos dos años. Sin embargo y lo mejor de todo Dios siempre estuvo y está conmigo.

También quiero agradecer a mi hijo **CRISTIAN GAEL MONTENEGRO** por ser mi motor mis alas y mi inspiración para la superación y poder ser un modelo del que se enorgullezca seguir.

MUCHAS GRACIAS

RESUMEN

México entró a la era de la transparencia y Durango no es la excepción, sin embargo, en materia de avances seguimos en el oscurantismo. Si bien es posible conocer en el año en relación o en el año de la consulta de los portales de transparencia, hacia la sociedad y sus representantes no saben y no se da a conocer información de calidad sobre los resultados en transparencia de los sujetos obligados desde el inicio de este derecho, lo que pareciera ser estar en constante inicio, cada cambio de administración municipal o en cualquier órgano es un empezar en esta materia, no se conoce los avances, estancamientos o simplemente quien o quienes han hecho caso omiso al paso de 10 años de la implementación de este derecho fundamental.

El objetivo de este estudio es argumentar, poner datos duros acerca de la transparencia, los avances o estancamientos en el estado, quien o quienes son o han sido opacos haciendo de lado esta Ley haciendo un comparativo por sujeto obligado de todas sus calificaciones en diez años, donde se puede ver algunos que incluso en este lapso tan grande mantienen un cero en todos los años, viéndose así la impunidad hasta en este derecho fundamental, además de analizar las razones por el avance lento en un lapso de 2005 a 2015, así como hacer hincapié en la transparencia de la relación pública, como algunos políticos utilizan la transparencia como mera publicidad y no como un derecho a ejercer y aplicar.

Entonces en este estudio se plantea el análisis de la evolución de los sujetos obligados en materia de transparencia, acceso a la información pública y el uso de la protección de datos personales como opacidad a la transparencia, de esta manera permite conocer la situación de estos derechos en el estado de Durango para poder enfocar los esfuerzos dirigidos y se pueda lograre avances mayormente significativos.

Utilizando una metodología de investigación, recopilación de datos, además de la realización de un sondeo de opinión para conocer el interés de la ciudadanía en usar y participar de estos derechos fundamentales, además de conocer cómo ha permeado en la sociedad el organismo garante del estado en estos diez años, y cuanta población y que sectores han hecho uso del acceso a la información pública.

Utilizando una Metodología de campo con entrevistas personales cara a cara en vivienda mediante un cuestionario previamente codificado.

La selección del informante adecuado se realizó en tres etapas: 1) Sección electoral, se ubicaron las 82 secciones electorales del estado de Durango con base a la cartografía vigente del INEGI y del INE; 2) Manzanas, se seleccionaron dos manzanas por sección; y, 3) Viviendas, se realizaron 5 entrevistas por manzana considerando el informante adecuado y una estratificación por edad y sexo conforme a la estructura poblacional que arroja el CENSO INEGI 2010 para Durango.

PALABRAS CLAVES:

Transparencia, acceso a la información, Protección de Datos Personales, Ley, Sujeto Obligado, Publicación, Portales.

ABSTRACT

Mexico entered the era of transparency and Durango is no exception, however, in terms of progress we continue in obscurantism. Although it is possible to know in the year in relation or in the year of the consultation of the transparency portals, the society and its representatives do not know and do not disclose quality information on the results in transparency of the obligated subjects from the beginning of this right, what seems to be in constant beginning, every change of municipal administration or in any body is a start in this matter, is not known progress, stagnation or simply who or who have ignored the passage of 10 years of the implementation of this fundamental right.

The objective of this study is to argue, put hard data about transparency, progress or stagnation in the state, who or who are or have been opaque doing this Law by making a comparison by subject of all their qualifications in ten years, where you can see some that even in this large span maintain a zero in all years, thus seeing impunity in this fundamental right, in addition to analyzing the reasons for the slow progress in a period from 2005 to 2015, as well as emphasize the transparency of the public relation, as some politicians use transparency as mere publicity and not as a right to exercise and apply.

So in this study the analysis of the evolution of the obliged subjects in terms of transparency, access to public information and the use of personal data protection as opacity to transparency is raised, in this way it allows to know the situation of these rights in the state of Durango to be able to focus the directed efforts and to achieve significant progress.

Using a research methodology, data collection, in addition to conducting an opinion poll to know the interest of citizens in using and participating in these fundamental rights, as well as knowing how the state guarantor body has permeated society these ten years, and how many people and sectors that have made use of access to public information. Using a field methodology with face-to-face personal interviews in housing through a previously coded questionnaire.

The selection of the appropriate informant was carried out in three stages: 1) Electoral Section, the 82 electoral sections of the state of Durango were located based on the current cartography of the INEGI and the INE; 2) Apples, two apples were selected per section; and, 3) Housing, 5 interviews per manzana were carried out considering the adequate informant and a stratification by age and sex according to the population structure that the CENSO INEGI 2010 for Durango shows.

KEYWORDS:

Transparency, access to information, Protection of Personal Data, Law, Subject Obligation, Publication, Portals.

ÍNDICE DE CONTENIDO

DEDICATORIA	I
AGRACEDIMIENTOS	II
RESUMEN	III
INTRODUCCIÓN	IV

CAPÍTULO I: EL PROBLEMA

1.1 Antecedentes: Génesis de la Transparencia	10
1.1.2 Génesis de la Transparencia en Durango	11
1.1.3 Elementos del derecho a la información en los instrumentos internacionales	13
1.1.4 Enfoque Metodológico	14
1.1.5 Conocimiento del derecho de acceso a la información del estado de Durango hasta 2015	17
1.2 Planteamiento del Problema	18
1.2.1 Análisis del Problema	19
1.2.2 Preguntas de Investigación	22
1.3 Objetivo de la Investigación	23

1.3.1 Objetivo General	23
1.3.2 Objetivos Específicos	23
1.4 Hipótesis	23
1.5 Justificación	25
1.6 Alcances y Limitaciones	26
1.7 Variables	26
CAPÍTULO II: MARCO TEORICO	27
2.1 Estado del Arte	27
2.2 La Génesis de la transparencia en España, Experiencias en Europa	28
2.3 El avance del derecho de acceso a la información y transparencia	30
2.4 La transparencia como instrumento de control democrático	32
2.5 Relaciones públicas, burocracia y anticorrupción	34
2.6 El Precio de la Corrupción	46
2.7 Protección de Datos Personales, violación de privacidad y excusa para la opacidad	47
2.8 Periodismo frente a una ley de transparencia y acceso a la información pública	50
2.9 Calificaciones de los sujetos obligados de 2005 a 2015. Avance de la Transparencia en Durango.	52
2.9.1 Calificaciones en materia de transparencia del Poder Ejecutivo del estado de Durango de 2005 a 2015	52
2.9.2 Calificaciones en materia de transparencia de Organismos Autónomos del estado de Durango de 2005 a 2015	74
2.9.3 Calificaciones en materia de transparencia del Poder Legislativo del estado de Durango de 2005 a 2015	75
2.9.4 Calificaciones en materia de transparencia del Poder Judicial del estado de Durango de 2005 a 2015	76
2.9.5 Calificaciones en materia de transparencia de Escuelas y Universidades del estado de Durango de 2005 a 2015	78
2.9.6 Calificaciones en materia de transparencia de los Municipios y Órganos desconcentrados municipales del estado de Durango de 2005 a 2015	86
2.9.7 Calificaciones en materia de transparencia de los Partidos Políticos del estado de Durango de 2005 a 2015	107
2.10 Comparativo de Solicitudes de Información de 2004 – 2015	113
2.11 Solicitudes que se negó información argumentando datos personales o información reservada de 2005 – 2015	113
CAPITULO III:	115
3.1. DISEÑO DE INVESTIGACIÓN	115
3.2. Conocimiento de factores por los que los sujetos obligados no cumplen en totalidad con la información mínima de oficio.	118
CAPÍTULO IV: RESULTADOS	120
Bibliografía	150

Introducción:

Un Estado democrático es digno de tal nombre si su fuerza proviene del reconocimiento social. Su legitimidad procede de una sociedad sabedora de las decisiones de su Gobierno y de la razón de ser de las mismas. Y la única manera de que exista esta sociedad es que haya una puerta abierta en el edificio del gobierno que permita y garantice el libre acceso a la información, la transparencia de la gestión pública y de los recursos que se comprometen en su ejercicio.

En otras palabras: cualquier persona tiene derecho a saber cómo funciona su Gobierno, el porqué de las acciones de sus funcionarios, qué recursos del presupuesto son empleados en los distintos programas y proyectos instrumentados. Se requiere para ello no sólo de una vía abierta a los documentos elaborados en dependencias y entidades gubernamentales sino que estos sean confiables, útiles y que el acceso a ellos pueda ser oportuno y veloz (IFAI, 2004).

El derecho de acceso a la información pública es uno de los instrumentos que permite la transparencia en el ejercicio del poder público, ya que con su ejercicio los ciudadanos obtienen información acerca de lo que los gobiernos están haciendo.

Es común que los gobernantes asuman desde el inicio de sus campañas y al comenzar su administración compromisos con la transparencia, sin ir más allá del discurso, o como en el presente documento se menciona la transparencia como relación pública. Enrique peña nieto no fue la excepción ya que desde su campaña hacia alusión a la creación de la comisión anticorrupción con fortalecimiento de la transparencia, hacer pública la declaración patrimonial en diciembre de 2012(POLÍTICA, 2012), como mandatario, aumenta atribuciones al instituto federal encargado de garantizar estos derechos cambiando su denominación por INAI antes IFAI el 5 de mayo de 2015(INAI, 2015), promulga la nueva ley de transparencia 4 de mayo de 2015(Ortega, 2015), entre otros actos oficiales, todo relativo a la transparencia y el gobierno abierto donde el presidente de México menciona que "Los gobiernos abiertos son la nueva frontera de esta forma de Gobierno,…Es un instrumento moderno e innovador que permite a los ciudadanos saber con mayor precisión qué hacen sus autoridades, y participar, además, activamente en los asuntos públicos."(Peña, 2015).

Los compromisos del Gobierno Mexicano han sido más en actos públicos que lo que realmente ejercen en su hacer público de ahí donde en este documento se desprende la transparencia como relación pública. En el estado de Durango la ley de transparencia se crea el 25 de febrero de 2003, entrando en vigor el 27 de febrero de 2003, con un órgano garante que ha cambiado de nombre en tres ocasiones.

El derecho de acceso a la información pública refuerza la idea de que toda la información en manos del Gobierno no es propia, sino de toda la sociedad que desee participar en las decisiones públicas. Así el poder público debe apostar por un gobierno abierto de cara a una mayor cercanía con la población. Este último punto permite señalar que la transparencia y el acceso a la información pública no solo se puntualizan a la obligación del gobierno para publicar toda aquella información fundamental sino a la participación de la sociedad a realizar solicitudes de información.

Los compromisos para tener gobiernos más abiertos y transparentes que permitan una mayor acercamiento con los ciudadanos y que éstos puedan contar con un derecho de acceso a la información pública, son también una prioridad para la sociedad internacional ya que en la Declaración Universal de Derechos Humanos el 10 de diciembre de 1948 señala en su artículo 19 el derecho a recibir información, así como en el pacto internacional de Derechos Civiles y Políticos de 1966 en su artículo 19 inciso 2 donde asienta que toda persona tiene derecho a buscar, recibir información sin consideración de fronteras.

Es así entonces como se plantea el análisis de la evolución de la ley de transparencia, acceso a la información y de protección de datos personales en el estado de Durango, derivado por una ley nacional, en donde la integración de diferentes factores relacionados con este derecho y la aplicación de las mismas, respecto a los planes, programas y proyectos que apunten al correcto uso y protección de la ley de transparencia, acceso a la información y de protección de datos personales y su avance que permita conocer la situación de estos derechos para enfocar los esfuerzos dirigidos y lograr avances más significativos derivados de saber cómo ha ido evolucionando estos trece años en Durango.

CAPÍTULO I: EL PROBLEMA

1.1 Génesis de la Transparencia

A partir de la entrada en vigor el 11 de junio de 2002 de la Ley de Transparencia y Acceso a la Información Pública Gubernamental(DOF, 2002b), más de 250 dependencias y entidades del gobierno federal tienen la obligación de atender las solicitudes de información que requiera la sociedad siguiendo los límites y lineamientos que la propia ley enmarca. En el 2002 la Ley Federal se inició para garantizar el derecho de acceso a la información y la protección de datos personales que obran en los tres poderes, Ejecutivo, Legislativo y Judicial. Esta ley nace desde el entorno político más que un entorno administrativo o de interés ciudadano, ya que esta iniciativa que se convertiría en ley nace con las campañas políticas de Vicente Fox Quezada, después siendo presidente de la república en el periodo 2000 – 2006 como fin de legitimar su actuación democrática y participativa de promoción durante sus giras políticas(Venegas, 2000).

Para la ejecución y puesta en marcha de la Ley de Transparencia y Acceso a la Información Pública Gubernamental, se creó el Instituto Federal de Acceso a la Información Pública, dicho instituto nace con la misma Ley el 11 de junio de 2002 con el entonces Presidente de la República Vicente Fox, mediante el decreto oficial le dio ordenamiento legal como Órgano de la Administración Pública Federal, con autonomía operativa, presupuestaria y de decisión (DOF, 2002a). Teniendo como principales funciones las de promover, garantizar el derecho de acceso a la información pública, resolver sobre las negativas de las solicitudes de acceso a la información y la protección de datos personales. Después de semanas de debate mismas con tonos meramente políticos, el congreso mexicano aprobó la iniciativa por unanimidad con una votación 86 – 0, que tuvo lugar cinco días después de un voto unánime a favor en la cámara de Diputados.

La Ley presentaba un término medio entre dos propuestas que se presentaron al congreso en 2001. La primera fue producto del grupo Oaxaca, una coalición de la sociedad civil, ésta se presentó el 6 de octubre y el 6 de diciembre fue adoptada y apoyada por los miembros de todos los partidos excepto el PAN partido del entonces presidente de la República (Doyle, 2003) tornándose desde sus inicios como iniciativa por empuje político desde la sociedad civil.

Kate Doyle (2003) menciona que la segunda propuesta la presentó el congreso del gobierno mexicano y una tercera presentada por un diputado de la legislatura de ese año perteneciente al Partido de la Revolución Democrática, mismo que se había sumado a la del grupo Oaxaca, mostrando que el inicio de este derecho humano respondió a empuje político más allá de una necesidad administrativa.

1.1.2 Génesis de la Transparencia en Durango

La aprobación de la Ley Federal de Acceso a la Información Pública fue muy celebrada, sin embargo los avances fueron sorpresivos, ya que una semana antes que se aprobara la Ley Federal algunos Congresos Estatales habían aprobado su propia iniciativa de Ley, que en ciertos aspectos fue mejor que la federal (Pacheco, 2002), donde también se ve el tono político de la ley estatal. Surge entonces la primera generación de leyes de transparencia y acceso a la información pública, esto trajo la fundación de instituciones especializadas en garantizar estos derechos humanos.

2002 (6)	2003 (8)	2004 (9)	2005 (6)	2006 (3)	2007 (1)
Jalisco	Nuevo León	México	Sonora	Oaxaca	Tabasco
Sinaloa	Durango	Quintana Roo	Baja California Sur	Chiapas	
Federal	Colima	Yucatán	Campeche	Hidalgo	
Aguascalientes	San Luis Potosí	Veracruz	Baja California		
Michoacán	Distrito Federal	Nayarit	Guerrero		
Querétaro	Guanajuato	Zacatecas	Chihuahua		
		Morelos	Tlaxcala		
		Coahuila	Puebla		
			Tamaulipas		

PRIMERA GENERACIÓN DE LEYES

Fuente idaip.org.mx/capacitación

Figura 1

A partir de la entrada en vigor de la ley de Acceso a la información Pública del Estado de Durango, el 25 de febrero de 2003, misma que entró en vigor el 27 de febrero de 2003, contaba con 59 artículos, a la fecha el estado de Durango cuenta con la segunda ley de transparencia, con 48 artículos, con 113 dependencias de gobierno, municipal, estatal y organismos autónomos llamados sujetos obligados.

La misma Ley dio vida al organismo autónomo entonces denominado: Comisión Estatal para el Acceso a la Información Pública (CAIPED), integrada por tres comisionados, y dotada de atribuciones de promoción, difusión e investigación del derecho de acceso a la información, así como autonomía patrimonial, operativa y de decisión.

La CAIPED inicio formalmente el 1 de junio de 2004, generando acciones de difusión y capacitación entre los entonces llamados por la ley entes públicos, que después pasarían a ser llamados sujetos obligados, así como algunos sectores de la sociedad civil, no obstante en los artículos transitorios, la Ley mencionaba que las personas ejercieran el derecho de acceso a la información un año y medio después de la entrada en vigor de la Ley, a partir del 28 de agosto de 2004, excepto los ayuntamientos del estado, donde estaría vigente dos años después el 28 de febrero de 2005 (idaip, 2004).

La ley estableció el procedimiento de acceso a la información, mediante la presentación de una solicitud de información ante el ente público, que debía ir acompañada de requisitos como nombre, e identificación oficial, precisar la información requerida, lugar y medio para recibir la información, así como las notificaciones. El plazo límite para contestar era veinte días hábiles y podría extenderse otros diez días más.

Aun así se tenía avance, naciendo aquí el interminable debate entre privado o público que va dando forma y matiz a la opinión de una sociedad, en los incansables intentos del gobierno para legitimar su actuar ante la sociedad, en una complejo tema en la relación entre gobernantes y gobernados, dando forma en el voto, que constituye la manifestación más directa del ejercicio de un derecho político; y el del consumo, que entraña las decisiones que incorporan desde la percepción que tiene cada individuo sobre el futuro, hasta la comparación entre distintos bienes o servicios.

1.1.3 Elementos del derecho a la información en los instrumentos internacionales

Los compromisos para tener gobiernos más abiertos y transparentes que permita un mayor acercamiento a los ciudadanos son también temas importantes para las esferas internacionales, ya que el 27 de noviembre de 2008 fue adoptado por el consejo de Europa el primer tratado mundial sobre el acceso a la información pública siendo firmado por 12 países el 18 de junio de 2009 (Europa, 2008).

Por otra parte, tanto la Convención Americana sobre Derechos Humanos de 1969 (Pacto de San José) en su artículo 13, como la Convención Europea para la Protección de los Derechos Humanos y de las Libertades Fundamentales de 1950, en su artículo 10, consagran en forma por demás clara y precisa el derecho a la información.

En la Convención Americana se postula que el derecho a la libertad de pensamiento y expresión a la que toda persona tiene derecho, comprende asimismo "...la libertad de buscar, recibir y difundir información e ideas de toda índole, sin consideración de fronteras, ya sea oralmente, por escrito o en forma impresa o artística, o por cualquier otro método de su elección" (artículo 13, inciso 1o.).

Más adelante, y de manera casi idéntica a la forma en que queda contemplado en el Pacto Internacional de Derechos Civiles y Políticos, esta Convención Americana prevé que el ejercicio de la libertad de expresión "no puede estar sujeta a previa censura sino a responsabilidades ulteriores", contempladas por la ley con el fin de asegurar el respeto a los derechos, a la reputación de los demás, a la protección de la seguridad nacional, al orden público, a la salud o a la moral públicas (artículo 13, inciso 2o., incisos a y b).

De igual forma, el artículo 10 de la Convención Europea para la Protección de los Derechos Humanos estipula que el derecho que tiene toda persona a la libertad de expresión, comprende también la libertad de comunicar o recibir informaciones o ideas, "...sin que pueda haber injerencia de autoridades públicas y sin consideración de fronteras" (artículo 10, inciso 1o.).

De la misma manera que se establece en otras convenciones y pactos sobre derechos humanos, aquí también la Convención Europea precisa que dado que el ejercicio de tales libertades entraña deberes y responsabilidades, aquéllas podrán ser sometidas a ciertas "condiciones, restricciones o sanciones, previstas por la ley", por fines tales como la protección de la reputación, de la divulgación de informaciones confidenciales, o para garantizar "la autoridad y la imparcialidad del Poder Judicial" (artículo 10, 2).

1.1.4 Enfoque Metodológico

En los últimos años se ha detectado un incremento considerable de la sociedad interesada en conocer datos de carácter público en posesión del gobierno del Estado de Durango. Este interés de hacer uso de la ley de transparencia.

Es así entonces como se plantea la necesidad de conocer los avances empíricos en materia de transparencia, acceso a la información y protección de datos personales en el estado de Durango, derivado por una ley nacional, en donde la integración de diferentes factores relacionados con este derecho como las tecnologías de la comunicación e información para llevar a cabalidad unos propósitos realizables, respecto a los planes, programas y proyectos que apunten al correcto uso y protección de la ley de transparencia, acceso a la información y de protección de datos personales para impulsar el bienestar de población en el estado de Durango.

Con los adelantos incontrolables de la tecnología, los avances científicos y de desarrollo, surgen interrogantes acerca de la vigencia de la filosofía analítica que convencionalmente impulsaron el avance de las ciencias y tecnología. Exponiendo valoraciones críticas acerca de la actualidad, pertinencia, necesidad y utilidad con métodos del positivismo lógico de la Filosofía de la Ciencia en el área de la Tecnología enfocada a la transparencia gubernamental.

Reflexionar sobre aspectos filosóficos en los tiempos actuales, parece inusual o asunto de quienes por obligación, se alejan de la avalancha de problemas y tensiones cotidianas, para abstraerse en esos escabrosos temas. La Filosofía casi siempre se ha vinculado a las clásicas preguntas de las etapas de formación preuniversitaria y universitaria cuando los profesores repetían en clases: ¿qué somos?, ¿de dónde venimos?, ¿adónde vamos?, ¿por qué estamos y cómo estamos aquí?, ¿qué es el mundo?

Ahora, con los avances científicos y el desarrollo incontrolable de la tecnología, surgen nuevas preguntas: ¿por qué y cómo se responden hoy aquellas clásicas interrogantes?, ¿quiénes se dedican a esas indagaciones?, ¿para qué la Filosofía hoy?, ¿cuál es su utilidad?, ¿los profesionales de cuáles disciplinas aplican sus presupuestos teóricos? Para todas o casi todas las interrogantes transcriptas, deben existir respuestas contemporáneas, aunque los "problemas filosóficos" tienden en ocasiones a ser confusos, por la utilización de expresiones crípticas o codificadas, en los diversos libros y revistas dedicados al tema (Padrón, 2011).

Los recientes orígenes de la reflexión filosófica sobre la tecnología y la relación entre la filosofía de la ciencia y la filosofía de la tecnología. La vinculación de ambos temas se hace explícita al constatar que la reflexión filosófica sobre la tecnología ha constituido hasta hace relativamente poco tiempo un campo de trabajo marginal desligado de las corrientes principales en filosofía de la ciencia.

La filosofía de las nuevas tecnologías constituye un ámbito de reflexión relativamente reciente en comparación con otros temas de interés positivista como eje de la experimentación, que en poco se relaciona con la transparencia por motivos de la filosofía moral utilizando técnicas de La filosofía de la tecnología (Cerezo, 1998), y más relacionándolo en el ámbito de la transparencia gubernamental.

Este hecho no es independiente del cambio en las sensibilidades públicas respecto al cambio tecnológico y la tendencia hipotética deductiva de la filosofía de la ciencia. Por un lado, el tradicional enfoque empírico o positivista en filosofía de la ciencia y del conocimiento, propio de corrientes como el empirismo, concebía la tecnología como ciencia aplicada y, más globalmente, la actividad práctica como una aplicación de reglas o principios generales. Era lógica la falta de interés académico por la tecnología.

Los recientes enfoques contrastación entre proposiciones y observaciones en paradigma positivista, y el desarrollo de los estudios de la Ciencia y Tecnología, han favorecido una visión más realista y contextualizada de la ciencia y de sus relaciones con la tecnología aplicándola a la transparencia gubernamental, facilitando la toma de conciencia sobre la gran diversidad de problemas filosóficos específicos que plantea la tecnología y la transparencia.

La tecnología aplicada a la transparencia gubernamental, por otro lado, ha sido tematizada como solución a un problema social en la última década, pasando a ocupar un lugar destacado en los medios de comunicación, los foros públicos y las agendas políticas. Con el intenso desarrollo tecnológico actual, se ha hecho especialmente evidente la estrecha dependencia de la economía, las instituciones y las formas de vida respecto de artefactos y procesos tecnológicos, es por eso la creciente necesitad de la filosofía de la tecnología aplicándola a la transparencia a través de una herramienta con creciente uso y auge que es el Internet. Como resultado de ambos factores, el interés por la tecnología adquiere en las últimas décadas un notable impulso y termina por hacer de ésta un objeto de estudio en cada vez más políticas públicas, revistas especializadas y congresos internacionales. Las nuevas orientaciones académicas y el cambio en la opinión públicas son, con todo, factores relacionados.

Como una herramienta para el uso de la filosofía de la tecnología es el Modelo lineal de innovación: Este modelo establece una relación lineal que va desde la generación de conocimiento científico básico hasta el bienestar social pasando por la innovación tecnológica y el aumento de producción (Vannevar, 1945).

Según Augusto Compte (1844) el objeto de estudio naciendo del entorno que lo rodea, el objeto de estudio naciendo de estudios matemáticos crecientes en aspectos empíricos, con esto se puede mencionar en esta conceptualización, como es evidente, la tecnología no plantea problemas epistemológicos o éticos destacables. Es un mero instrumento para el uso de la transparencia gubernamental, un eslabón intermedio entre la ciencia y la satisfacción de demandas sociales. No es de extrañar que la tecnología pasara desapercibida durante mucho tiempo para la filosofía, las humanidades y las ciencias sociales.

Con el mencionado cambio en las sensibilidades públicas, políticas y académicas, entre finales de los años 60 y principios de los 70, el contrato social para la ciencia, y la naturaleza misma de la relación entre ciencia-tecnología-sociedad, comienza a ser cuestionado tanto por la acción de movimientos sociales como por nuevos enfoques analíticos en las humanidades y las ciencias sociales. No es éste el lugar para hacer una revisión del surgimiento del movimiento contracultural, la evaluación de tecnologías, los estudios CTS o la filosofía de la ciencia post-kuhniana, dada la ya abundante literatura al respecto (Cerezo, 1998).

1.1.5 Conocimiento del derecho de acceso a la información del estado de Durango hasta 2015

Para conocer como a avanzado la transparencia en el estado de Durango, los esfuerzos de los gobiernos, sociedad civil y empresarios, para avanzar en esta materia, el resultado que ha tenido las cantidades de inversión, y para poder saber quién o quienes solo han usado la transparencia en sus discursos de campaña, o como se menciona, usar la transparencia de la relación pública, Es imperante conocer las evaluaciones de todos los sujetos obligados del estado en el periodo de 10 años de evolución de la materia.

En el 2004 dio inicio del instituto encargado de las evaluaciones de los sujetos obligados en materia de transparencia, pero este año la entonces Comisión de Acceso a la Información Pública del estado de Durango (CAIPED) se dio a la tarea de conformar el equipo, instalaciones, así como equipo necesario para su operación, no es hasta iniciando el año de 2005 cuando empiezan sus labores de verificación de los portales de los sujetos obligados, que en el 2005 eran 51, fue creciendo el aparato de gobierno, escuelas, partidos políticos hasta llegar a 120 en 2015.

El instituto ha cambiado de denominación en 3 ocasiones, iniciando en 2004 llamándose Comisión de Acceso a la Información Pública del estado de Durango (CAIPED), en julio de 2008 Comisión Estatal para la Transparencia y el Acceso a la Información Pública (CETAIP) y finalmente el 6 de julio de 2009 cambia a Instituto Duranguense de Acceso a la Información Pública y de Protección de Datos Personales (IDAIP) donde su presupuesto a variado desde $1,402,000 pesos en 2004 hasta 2015 11,783,480 pesos.

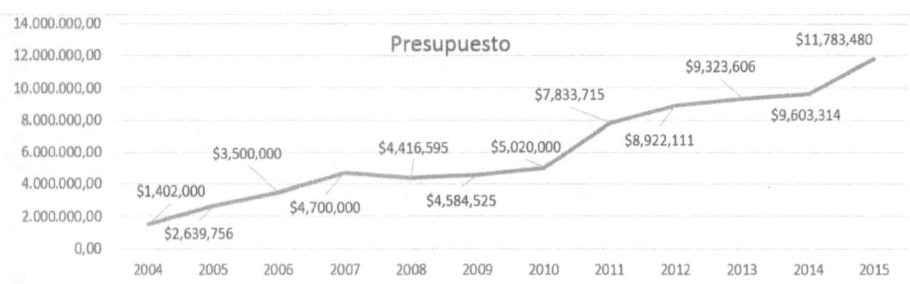

Gráfico 1 (fuente: Elaboración Propia con datos oficiales del IDAIP)

1.2 Planteamiento del Problema

El ineficiente uso de la ley de protección de datos personales, mayormente en la población ha tenido algún proceso judicial, civil o familiar, pero principalmente algún proceso penal, se ha convertido en un problema para este sector de la población cuyo único fin es incorporarse a la vida laboral y productiva como uno más de la sociedad, prácticamente le es imposible ya que quedan fichados con la carta de no antecedentes penales, haciéndoles este objetivo más difícil. Y el desconocimiento de la ley de protección de datos personales les hace el día a día vivir con este estigma, lo que puede desembocar en que vuelvan a delinquir.

En el estado de Durango, principalmente en la capital solo el 48% de la población tiene acceso a internet, lo cual es que menos de la mitad de la población podría tener acceso a los portales de transparencia de los entes gubernamentales o Sujeto Obligados, sumado a esto la falta de estandarización de los portales dificulta al bajo número de ciudadanos que quieren conocer información pública, ya que para algunos municipios o sujetos obligados les ayuda a opacar más la información y dificultar el proceso de conocimiento del ciudadano.

El estado de Durango cuenta con 39 municipios, siendo los municipios más chicos en población los más incumplidos y con mayor falta de interés en cumplir y hacer cumplir la ley de transparencia y de protección de datos personales. Uno de los factores por la falta de interés de los municipios, sobre todo los más alejados de la capital en cumplir con la ley de transparencia y dejar de ser opacos en sus funciones es que el órgano garante de estos derechos se encuentra en la capital lo que impide tener un contacto constante y permanente con estos municipios con alto índice de falta de interés por ser transparentes.

Para lograr una solución a la actual problemática del Municipio se requiere de la participación de la sociedad, de educar con una verdadera cultura de la transparencia y legalidad, así mismo que las autoridades se dediquen a realizar su trabajo actuando con la honestidad necesaria, de esta forma se podrá llevar a cabo mejoras al Municipio y de cada ciudadano.

1.2.1 Análisis del Problema

El difícil acceso a los apartados de transparencia en las páginas de internet de los sujetos obligados se ha convertido en uno de los problemas más grandes para la consulta de los apartados de transparencia de cada sujeto obligado. Ya sea a nivel estado, municipio, órgano descentralizado, órgano autónomo, o desconcentrado municipal es que las páginas de internet, en los apartados de transparencia de cada sujeto obligado no están homologados lo que se traduce en difícil acceso y consulta para la ciudadanía, sobre todo para las personas con poco o nulo conocimiento en materia de informática o navegación por internet.

Siendo 120 sujetos obligados para el estado de Durango, lo que se traduce en 120 páginas de internet con múltiples accesos a los apartados de transparencia, y en algunos sujetos obligados cuentan con dos páginas de internet, Haciendo difícil o imposible la consulta y ejercicio de la ley de transparencia en el estado de Durango.

Al encontrarse el órgano garante de la ley de transparencia, acceso a la información y de protección de datos personales en la capital del estado ha sido un factor detonante para el creciente desinterés de los municipios, sobre todo los más alejados de la capital, en cumplir con la ley de transparencia y de protección de datos personales convirtiéndose en un complicación para la ciudadanía que vive en estos municipios.

Este problema se ve reflejado en los resultados de las verificaciones hechas por el órgano garante, Instituto Duranguense de acceso a la información pública y de protección de datos personales (IDAIP), que hasta el mes de julio de 2015 el 95% de los municipios tienen calificación reprobatoria, incluso el 20% con calificaciones de cero.

El inadecuado método de control archivista se ha convertido en la válvula de escape para los sujetos obligados que quieren seguir permaneciendo en la opacidad, ya que un ciudadano una vez logra vencer todos los obstáculos informáticos para poder hacer uso del acceso a la información, en algunas de las respuestas declaran la inexistencia de la información, aunque este generada la información, esta respuesta de inexistencia es una salida fácil para aquel funcionario que por sus propias razones quiera mantener oculta dicha información, lo cual dificulta aún más el correcto ejercicio de estos derechos.

Además de los municipios en su falta de interés por cumplir estos mandatos constitucionales, el Alto índice de Sujetos Obligados incumplidos en la información mínima de oficio como lo son: partidos políticos, secretarias estatales y universidades, son los que se encuentran entre los más incumplidos en el estado de Durango.

Para el correcto ejercicio de la ley de transparencia no basta con cumplir el mínimo como lo menciona la ley, información mínima de oficio, se necesita ser realmente transparente, con el único fin de beneficiar a la ciudadanía, y ser así un instrumento que ayude al combate contra la corrupción.

Actualmente el alto índice de sujetos obligados incumplidos es un lastre que arrastra el estado de Durango ya que un 44% del total de sujetos obligados esta con calificación reprobatoria, y un 20 % apenas pasa con calificación mínima, contando así únicamente un 36% de sujetos obligados cumple con publicar en sus portales de internet dicha información, que no hay que quitar de vista es la mínima para cumplir con la ley de transparencia.

La falta de implementación de las Tecnologías de la Información y de la Comunicación (TIC´s) ha sido detonante para que la ley de transparencia, acceso a la información y de protección de datos personales avance con gran lentitud, la tecnología avanza a pasos agigantados, no así el ejercicio y aplicación de esta ley, dificultando al ciudadano poder ejercer este derecho.

Con un alto desconocimiento de la sociedad para el uso de la ley de transparencia, acceso a la información pública y de protección de datos personales, la posibilidad de que un ciudadano acceda a los programas de apoyo del gobierno son muy bajos, dejando para la sociedad bajas posibilidades de mejorar su calidad de vida dejando pasar apoyos, estímulos, becas por el desconocimiento de la existencia de los mismo programas, por medio de la ley de transparencia y acceso a la información la sociedad podría conocer y acceder a muchos beneficios.

El desconocimiento de la sociedad de estos derechos es muy alto, tomando en cuenta que solo periodistas, académicos y servidores públicos conocen en poca medida el uso práctico de esta ley, representando solo el 8% de la población total del estado de Durango. Y solamente el 1% conoce y ha ejercido la ley de transparencia y de protección de datos personales.

Es preocupante que en un periodo de 10 años, lapso suficiente para que el total de sujetos obligados acaten las disposiciones de la ley de transparencia, aun existan sujetos obligados con calificaciones reprobatorias, e incluso de cero en el total de los años, partidos políticos que en sus discursos apuestan por la transparencia pero en la realidad en este periodo tan extenso no lo hacen, manteniendo el uso de los recurso público en la opacidad.

Estos hechos de sujetos obligados que no atienden la ley de transparencia y por el contrario solo la usan con fines electorales o para mantener el discurso, puede seguir alimentando la percepción ciudadana de un mero montaje, o del crecimiento de la impunidad, ya que al existir una ley con 10 años de operación y aún existan sujetos obligados que en esos diez años no han hecho caso, la situación seguirá con el crecimiento de la impunidad en esta materia. Esto afecta al propio ciudadano que con el fin de conocer el uso del presupuesto público solo se encuentra con barreras de opacidad, trabas de burocratismo que le alargan el conocimiento y en ocasiones se ve trunco su deseo de conocer, sin existir sanciones o recursos que hagan efectivo el capítulo XIV de responsabilidades y sanciones de la ley de transparencia del estado de Durango, siendo de esta manera una de las razones por las cuales la ley avanza lento en el estado.

Además con la ley de reciente creación de Protección de Datos Personales, quedan retos por alcanzar en su Ineficiente aplicación, quedando el ciudadano desprotegido en con sus datos personales, pudiendo ser víctima de fraudes o algún otro delito, siendo imprescindible la mejora de la aplicación y ejercicio de la ley de protección de datos personales.

Al conocer realmente cómo va la ley en el estado, la evaluación del total de sujetos obligados de la entidad y el conocimiento de la sociedad de este derecho, podría ser de gran beneficio para el usuario final que es el propio ciudadano, ya que podría conocer de manera oportuna programas o beneficios que los gobiernos hacen y que muchas veces se quedan para unos cuantos, además de ser una herramienta fuerte para evitar la corrupción.

1.2.1 Pregunta de investigación.

¿Cuál es el impacto de la ley de transparencia en el estado de Durango?

1.2.1.1 Preguntas específicas.

¿Cuánta gente conoce que tiene este derecho y que existe un organismo para salvaguardar este derecho?

¿Qué tanto avanzado la percepción de la transparencia como ayuda a lucha contra la corrupción en el estado de Durango?

¿Conoce la ciudadanía del estado al órgano garante?

¿Qué tanta gente ha realizado consulta de información pública?

¿Qué temas le interesa a la ciudadanía informarse de las actividades del Gobierno Estatal y Municipal?

¿Cuál es el medio que se usa más para realizar solicitudes de información pública?

¿Por qué se da los altos índices de reprobación en los municipios?

¿Cuáles son las calificaciones de los sujetos obligados del 2005 al 2015 en materia de transparencia?

1.3 OBJETIVOS DE LA INVESTIGACIÓN.

1.3.1 Objetivo general.

Realizar estudio sobre el conocimiento de la sociedad del estado de Durango de la ley de transparencia, ejercicio, temas de interés de las personas por solicitar información pública, investigar calificaciones del total de los sujetos obligados en sus portales de transparencia para medir su comportamiento en el cumplimiento de esta ley. De esta manera teniendo un panorama completo del avance de este derecho fundamental se podrá hacer recomendaciones para la adecuación de estrategias que ayude a la mejora del uso y ejercicio de la ley de transparencia y acceso a la información pública y de protección de datos personales del estado al órgano garante de Durango.

1.3.1.1 Objetivos específicos.

¿Cuáles son las calificaciones de los sujetos obligados del 2005 al 2015?

¿Cuál es el número de sujetos obligados con mayor índice de reprobación de 2005 - 2015?

¿Cuáles son las causas por las que se da el alto índice reprobatorio de los municipios para cumplir la ley de transparencia y acceso a la información?

¿Cuál son los temas de interés de la ciudadanía de las acciones que realizan los gobiernos municipal y estatal?

¿Qué población que conoce la ley?

¿Qué población ha ejercido la ley de transparencia y de acceso a la información pública?

¿Cuál es la percepción de la población en materia de corrupción con uso de la transparencia?

1.4 HIPÓTESIS.

El conocimiento de la sociedad y el ejercicio del derecho es determinante para el avance de la transparencia y acceso a la información pública y protección de datos personales en el Estado de Durango.

VARIABLES

Variable independiente:

Variable dependiente:

1.4.1. Operacionalización de variables

VARIABLES	DIMENSIONES	INDICADORES	NIVEL DE MEDICIÓN
Nivel Socioeconómico	Nivel Social	Grado de Instrucción	Ordinal
		Nivel de Cultura	Ordinal
	Nivel Económico	Ingresos	Razón
		Tipo de vivienda	Nominal
		Zona de Residencia	Nominal
Genero		Hombre	
		Mujer	
Rango de Edades		De 16 a 86	Nominal
Conocimiento de la Ley de Transparencia			Ordinal

Conocimiento de la existencia del Organismo Garante				Ordinal
Solicitudes de información hechas a dependencias.			Número de solicitudes por año de 2004 a 2015	Nominal
Número de Sujetos Obligados			Número de Sujetos Obligados de 2005 a 2015	Nominal
Calificaciones de portales de transparencia			Calificaciones de portales de transparencia de los sujetos obligados de 2005 a 2015	Nominal

Tabla 1 Elaboración propia

1.5 JUSTIFICACIÓN

El presente proyecto de investigación tiene por finalidad, la de identificar el avance de la Ley de Transparencia y acceso a la información pública, de los 39 municipios, Poder Ejecutivo, Legislativo, Judicial, Órganos Autónomos y partidos políticos, sus avances y calificaciones desde 2004 a 2015. Además descubrir los diferentes factores en los que la sociedad está interesada en saber acerca del que hacer de sus gobernantes, que tanto conoce la sociedad acerca de la Ley, es importante saber en qué región del estado conocen más de este tema fundamental.

Descubrir si los trabajos del órgano garante del estado en materia de transparencia ayudan a mejorar la percepción ciudadana de que los gobiernos sean menos corruptos.

El saber que tanta población ha hecho uso del ejercicio del acceso a la información es determinante para saber si el personal que los ayuntamientos y los tres poderes tienen su infraestructura suficiente para el crecimiento natural de la población interesada en hacer uso de estos derechos. Así como, saber si ¿el estrato económicos influye en que la transparencia permee? Esta investigación aporta un nuevo concepto de transparencia, denominado la transparencia de la relación pública, donde se trata de hacer notar que los discursos de los aspirantes a gobernantes son desproporcionales al real apoyo que le dan a la transparencia una vez estén en los cargos públicos.

Los beneficios de tener toda esta información son grandes, ya que los usuarios finales pueden ser gobernantes u órgano garante de estos derechos le permitirá dirigir los esfuerzos de manera asertiva y eficaz, de esta misma manera los perjudicados serán todos aquellos políticos y gobernantes a los que no les interese el tema, pero si usen en su beneficio la transparencia de la relación pública siendo evidenciados por datos de diez años donde pueden darse lecturas del uso o el abuso del termino de transparencia.

1.6. ALCANCES Y LIMITACIONES.

1.6.1 Alcances

Con esta investigación, se puede ir midiendo los resultados de las estrategias del órgano garante de Durango para el crecimiento de la Ley de Transparencia, Acceso a la Información Pública y de Protección de Datos personales. A nivel administrativo es una evaluación más focalizada del desempeño de los municipios a lo largo de 13 años de creación de la Ley, que tanto interés le han tomado todas las administraciones, que municipios lo han dejado pasar de lado y que otros si han hecho trabajos para salir de la opacidad.

Esta investigación puede continuar con otra nueva con enfoque transversal siguiendo la función de estos factores que ayudan a mejorar el camino de la transparencia en años posteriores o en localidades diferentes.

El realizar esta investigación en todo el estado de Durango permite tener un conocimiento completo de las condiciones de la Ley de transparencia, acceso a la información pública y de protección de datos personales del Estado y de los 39 municipios y poder contribuir en la mejora o transformación de las estrategias de cultura de la transparencia y todo el camino para que estos Derechos avancen.

1.6.1 Limitaciones

Una de las limitaciones es que no hay un estudio donde se evalué el camino de la transparencia en ningún estado de la república, no hay de donde partir, solo de investigar toda la información existente, clasificarla y construir las comparativas de las revisiones que se hicieron en diez años.

La ley de transparencia ha cambiado en repetidas ocasiones, si bien es cierto hasta el 2015 solo ha existido dos leyes en esta materia, pero los criterio de evaluaciones y de acceso a la información, no son homólogos, es decir, con cada grupo de comisionados o consejeros cambian los criterios de evaluación, siendo difícil el análisis de dichos datos investigados.

Se logró incidir sustancialmente en el estudio realizado por el instituto para recabar la información necesaria de esta investigación, no obstante, el hecho de colaborar en el órgano garante local, limita el acceso a la información, siendo la investigación de los datos de manera silenciosa, debido a que es de saber que a ningún Consejero o comisionado le es grato que se le evalué su trabajo o el trabajo de un instituto en una historia de 10 años. Además que no existe en el instituto un archivo documental o de procedimientos, evaluaciones, teniendo que realizar la investigación año por año.

CAPÍTULO II: MARCO TEORICO

2.1 Estado del Arte

Un Estado democrático es digno de tal nombre si su fuerza proviene del reconocimiento social. Su legitimidad procede de una sociedad sabedora de las decisiones de su Gobierno y de la razón de ser de las mismas. Y la única manera de que exista esta sociedad es que haya una puerta abierta en el edificio del gobierno que permita y garantice el libre acceso a la información, la transparencia de la gestión pública y de los recursos que se comprometen en su ejercicio.

En otras palabras: cualquier persona tiene derecho a saber cómo funciona su Gobierno, el porqué de las acciones de sus funcionarios, qué recursos del presupuesto son empleados en los distintos programas y proyectos instrumentados. Se requiere para ello no sólo de una vía abierta a los documentos elaborados en dependencias y entidades gubernamentales sino que estos sean confiables, útiles y que el acceso a ellos pueda ser oportuno y veloz (IFAI, 2004).

Esa fue la razón principal de la creación de la ley de Transparencia y Acceso a la Información Pública y el Instituto Duranguense de Acceso a la Información Pública y de Protección de Datos Personales, pieza clave en crecimiento del proceso de consolidación democrática en Durango.

El Instituto es el organismo público encargado de establecer y vigilar los procedimientos mediante los cuales las personas podemos ejercer el derecho de acceso a la información pública, el garante de que la información pública pueda llegar a las manos de sus legítimos poseedores: los ciudadanos.

La marca de este derecho humano se ha confirmado en unos innumerables sucesos de la vida política en las democracias de México. La conservación o remoción de los gobiernos y muchos otros asuntos clave pueden llegar a depender, en última instancia, de la claridad, de la transparencia y del acceso a la información que los gobiernos puedan garantizar para sus ciudadanos.

Que Durango tenga su Ley de transparencia y un Instituto encargado de vigilar su correcta aplicación es un síntoma de crecimiento en la democracia y la rendición de cuentas. Y lo es todavía más cuando se desarrolla una función esencial: promover la cultura de la transparencia, hacer del conocimiento del público la existencia del derecho y los procedimientos y caminos para ejercerlo.

La historia ha sido testigo de los abusos y excesos con que algunos gobiernos de un sinnúmero de países han sometido a los pueblos a lo largo de los siglos, basados en un principio de opacidad en su actuación. Pero los tiempos en que los gobernantes podían negarse o incluso olvidarse de rendir cuentas al pueblo, ha ido desapareciendo, con ayuda de la creación de diversos ordenamientos legales al interior de cada país, orientados a transparentar la gestión pública, incluso celebrando convenios a este respecto, como la Convención Interamericana contra la Corrupción(Ramon, 2013).

Actualmente, la población está más consciente de su realidad y de sus derechos frente a quienes ejercen el poder público. Los ciudadanos exigen a sus gobiernos se les mantenga informados sobre las actividades que realizan, y entre otros múltiples aspectos, a qué se destinan los ingresos del Estado.

La democracia, entendida como el gobierno del pueblo, por el pueblo y para el pueblo, comprende entre otras cosas, la rendición de cuentas y lo concerniente al derecho que tienen aquellos para acceder a la información generada y obtenida por el Estado en el ejercicio de la función pública(IFAI, 2004).

2.2 La Génesis de la transparencia en España, Experiencias en Europa

La génesis normativa de la transparencia y el acceso a la información en la Unión Europea, que se produce a partir de la declaración Número 17, siendo notorio que anteriormente no había ninguna normativa que directa y explícitamente regulara la cuestión del acceso público. Sin embargo, había normativas que, según una percepción generalizada, tenían una incidencia en el tema (Dyrberg, 1997).

La adopción de la transparencia como un principio y el acceso a la información en la Unión Europea está marcada por cuatro partes. El primero es la declaración No. 17 anexa al acta del Tratado de la Unión Europea de Maastricht de 7 de febrero de 1992 hasta septiembre de 1997 (Unión Europea, 1992). El segundo es el Tratado de Ámsterdam, firmado el 2 de octubre de 1997, donde se habla del reconocimiento constitucional del derecho de acceso a la información (Europeo, 30 mayo 2001). El tercero corresponde a la aprobación de la Carta de Derechos Fundamentales de la Unión Europea y el fallido Tratado por el que se establece una Constitución para Europa. El cuarto corresponde a la firma del Tratado de Lisboa en diciembre del 2007 (Europeas, 2007), entrando en vigor el 1 de diciembre de 2009.

Haciendo una síntesis sobre este primer periodo se podría decir que el principio de transparencia es adoptado a partir de la Declaración número 17 al Tratado de Maastricht, nace para vincular sustancialmente al trabajo del Consejo, pero con poca importancia a las demás instituciones de la Unión Europea. Más tarde fue adoptada la Declaración de Birmingham, pero los Ministros de Asuntos Exteriores sólo sugirieron medidas para hacer más transparente algunas de las deliberaciones del Consejo. Además, comprometen a la Comisión para que haga una propuesta seria y bien consultada de cara a los Estados miembros. Las conclusiones del Conejo de Edimburgo del 12 de diciembre de 1992 sólo confirmaron las buenas intenciones de la Declaración anterior, pero sin grandes avances concretos. Tal vez, por esta razón se habla de un periodo dominado por los burócratas, ya que sólo son declaraciones con buenas intenciones, además, sólo se va construyendo la transparencia y el derecho de acceso con mayor énfasis en el Consejo, pero con poca fuerza a otras instituciones de la Unión Europea (Hernández, 2010a).

La importancia del cuarto periodo es fundamental para los propósitos que perseguimos en el marco del derecho de acceso a la información en la Unión Europea, su naturaleza de derecho fundamental ya no tienen ninguna duda. El artículo 15 del Tratado de Lisboa señala que el Tribunal de Justicia de las Comunidades Europeas, el Banco Central Europeo y el Banco Europeo de Inversiones, también están sujetos a la transparencia y a cumplir con el derecho de acceso a la información cuando ejerzan funciones administrativas. Por lo tanto, somete a todas las instituciones, órganos y organismos de la Unión al principio de apertura, ya no se trata sólo de unas instituciones sino de todas; las sesiones del Parlamento y del Consejo son públicas, que lejos han quedado aquellas propuestas que sólo afectaban al Consejo y que no figuraba el Parlamento; las normas que desarrollen el derecho de acceso ya no serán sólo de orden interno y bajo el manto de una buena administración, el Parlamento y el Consejo con arreglo al procedimiento ordinario determinaran mediante reglamentos todo lo relativo al derecho de acceso; que lejos a quedado aquella sentencia del Tribunal de Justicia de las Comunidades Europeas de 30 de abril de 1996, donde los Países Bajos y el Parlamento consideraban que el derecho de acceso no sólo debiera ser considerado como una facultad de organización interna y de buena administración, sino un derecho configurado bajo el procedimiento ordinario legislativo de la Unión; es plausible la evolución del derecho de acceso, la confirmación de que estamos en presencia de un derecho fundamental es ya una realidad; el Tratado de Lisboa revitaliza la Carta de Derechos Fundamentales de la Unión Europea y le otorga un valor jurídico, es decir, el mismo valor que los Tratados, y no olvidemos que la Carta reconoce plenamente el derecho fundamental de acceso a la información, además, se confirman los derechos fundamentales garantizados por el Convenio Europeo para la Protección de los Derechos Humanos y de las Libertades Fundamentales y tal como resultan de las tradiciones constitucionales comunes a los Estados miembros. Más claro y contundente no se puede ser (Hernández, 2010b).

2.3 El avance del derecho de acceso a la información y transparencia en México

Dentro de una nueva democracia, el acceso a la información pública es mucho más que una nueva estrategia para combatir la corrupción y lograr una gobernanza más efectiva. En las democracias que se estrenan, la transparencia es vista como un derecho esencial de la ciudadanía en su interacción con el gobierno. Después de décadas de autoritarismo, los actores sociales se cansan de ser sujetos pasivos y se encuentran ávidos de convertirse en ciudadanos activos. En este contexto, una ley de acceso a la información pública, tiene el enorme potencial de transformar el ejercicio del poder público (G. P. Gómez, 2012).

México había logrado posicionarse como un ejemplo a nivel internacional por las reformas implementadas con el objeto de mejorar la transparencia. La Ley Federal de Transparencia y Acceso a la Información Pública mexicana es conocida por incluir mecanismos importantes e innovadores. En primer lugar, establece importantes garantías procedimentales. Cada institución gubernamental está obligada a crear una "unidad administrativa" encargada de procesar las solicitudes de acceso a la información pública. Estas solicitudes deben ser respondidas dentro del plazo de quince días hábiles. De no haber respuesta dentro del plazo establecido, se considera que la autoridad ha otorgado una "negativa ficta" por lo que la información debe ser entregada al solicitante dentro de los siguientes diez días hábiles. Esta disposición, conocida como negativa ficta (negativa ficta es cuando dentro de los plazos establecidos en esta ley, el sujeto obligado no diera respuesta a una solicitud de acceso a la información o de acceso, rectificación, cancelación u oposición de datos personales) ha sido una herramienta crucial para el empoderamiento social dando lugar a una considerable presión sobre las instituciones gubernamentales para que respondan con prontitud a las demandas ciudadanas.

Un reciente estudio realizado por el Open Study Institute, coloca a México en el primer lugar a nivel internacional en cuanto a las respuestas escritas que el gobierno proporciona a las solicitudes de acceso a la información pública (R. Gómez, Sosa-Plata, Téllez Girón, & Bravo, 2011).

Otro elemento distintivo de la ley mexicana radica en la fortaleza otorgada al órgano garante del acceso a la información, el INAI, el cual se destaca mundialmente como una institución innovadora de control y vigilancia. El INAI funciona simultáneamente como una corte administrativa responsable de revisar las negativas a las solicitudes de acceso a la información a la vez que como un ombudsman encargado de fortalecer y fomentar la "cultura de la transparencia", tanto al interior del gobierno como en la sociedad. Este Instituto Actualmente autónomo en financiera y operativa y está liderado por siete comisionados aprobados por el Senado por periodos de 4 a 8 años (INAI, 2014).

La transparencia ha sido garantizada de diversas formas en la propia Constitución. De acuerdo al texto constitucional, toda entidad gubernamental a nivel municipal, estatal o federal está obligada a garantizar el acceso libre y gratuito a sus documentos, para lo cual deberá tomar en cuenta el principio de "máxima publicidad". Estas modificaciones constitucionales, promulgadas en julio de 2007, deben aplicarse para interpretar cualquier ley de acceso a la información, inclusive para el caso de los fideicomisos públicos y en lo referente a los recursos públicos ejercidos por personas físicas o morales. Lo anterior implica que los fondos gubernamentales que involucren la participación de particulares, deberán permitir la consulta pública de la información en su poder.

El texto constitucional establece sanciones y obliga a que los gobiernos castiguen el incumplimiento de las disposiciones en materia de transparencia y actúen proactivamente en la publicación de sus portales de transparencia y en la organización de sus archivos. Finalmente, todos los gobiernos, los órganos autónomos y los poderes Judicial y Legislativo de los estados y de la Federación, están obligados a crear instancias independientes y especializadas encargadas de supervisar y de hacer cumplir la ley. En esencia, el espíritu de esta histórica reforma era el de potenciar que los avances logrados a nivel federal permearan a los ámbitos estatal y municipal. Sin embargo, como se observará en la siguiente sección, aun cuando por su legislación México se sitúa en el mapa de los regímenes más sólidos en materia de acceso a la información, esta solidez no se corresponde con los niveles de implementación.

2.4 La transparencia como instrumento de control democrático

Se debe entender que si bien es cierto, el derecho a la información nos permite solicitar diversa información en manos de los sujetos obligados, siendo estos los poderes ejecutivo, legislativo y judicial, ayuntamientos, organismos autónomos, sindicatos, fideicomisos y todo ente que reciba dinero público, también lo es que deben respetarse los límites que la ley ha impuesto al respecto.

Se entiende como la obligación que tiene el Estado de informar a través de los diversos medios de comunicación, de manera regular, la multiplicidad de opiniones de los partidos políticos y en general, de dar a conocer toda aquella información generada por el Estado que sin afectar la vida política y económica del país, que contribuya a lograr una sociedad consiente de la realidad del país; en México, el derecho a la información está considerado como una garantía individual, complementaria a la libertad de expresión, según se desprende del artículo 6º de la Constitución Política de los Estados Unidos Mexicanos, el cual dispone que "La manifestación de las ideas no será objeto de ninguna inquisición judicial o administrativa, sino en el caso de que ataque a la moral, los derechos de terceros, provoque algún delito o perturbe el orden público; el derecho a la información será garantizado por el Estado."

Misma ley ayuda a mejorar la gobernabilidad, aumentar la percepción positiva a la ciudadanía así como numerosos beneficios directos para las personas, pero ¿Qué tanto se ha avanzado en la práctica con las reformas en materia de transparencia?, los índices basados en la percepción y otros indicadores (como el Índice de Percepción de la Corrupción de Transparencia Internacional y el Control de la Corrupción del Banco Mundial) tienen limitaciones: son útiles, pero no proporcionan información detalladas sobre el resultado de las acciones que se realizan para combatir la corrupción. Sería mejor reunir indicadores pormenorizados del desempeño gubernamental; además de que pueden ser comprendidos y comparados fácilmente, reflejan tanto el marco de incentivos como los efectos de la corrupción (johnston, 2005).

Toda democracia que busque prevenir la involución de la rendición de cuentas y la participación ciudadana haría bien en mirarse en el espejo de la paradójica y accidentada trayectoria de la transparencia en México. Hace tan sólo una década, este país era paradigma mundial de ingeniería institucional para la rendición de cuentas. Ello incluía sofisticadas reformas constitucionales que auspiciaron la creación de modernos organismos reguladores y de fiscalización, leyes de acceso a la información de avanzada y, consecuentemente, un cierto empoderamiento ciudadano. Hoy sin embargo, muy a pesar de todos estos logros formales y normativos, en los hechos nuestro país se ha convertido en un ejemplo de burocratización, sobre-politización y anulación de la rendición de cuentas.

La expectativa era que el surgimiento de una competencia político-electoral más robusta y vigorosa durante las últimas dos décadas, tuviera un impacto positivo en el combate de la corrupción y en la consolidación de la rendición de cuentas. Desafortunadamente, ese no fue el caso y la competencia electoral entre opciones políticas diferentes nunca se tradujo en un progreso sustancial de la fiscalización gubernamental o en un mayor equilibrio entre los intereses de la sociedad y las instituciones gubernamentales. Este artículo busca explorar este proceso, con el fin de tomar las lecciones pertinentes que nos ayuden a entender, conceptuar y practicar la transparencia con el objetivo de frenar la "congelación"(O'Donnel, 1994) de los procesos de democratización en los países en desarrollo.

Si las democracias jóvenes resultan ser igualmente inefectivas que los sistemas autoritarios que las precedieron en su capacidad para rendir cuentas, la propia democracia y sus procesos electorales afines se ponen en riesgo. Además, la transparencia -como la democracia- es un concepto políticamente debatible que puede ser interpretado y practicado de formas muy variadas. No cualquier tipo de "transparencia" implica una mejora automática de la rendición de cuentas. De hecho, ciertos conceptos resultan ser más adecuados que otros para el combate a la corrupción (Sandoval, 2006).

Se describirá y analizará las tres perspectivas sobre la transparencia aquí señaladas. Se examinará las recientes reformas a la Ley de Transparencia aprobadas en el Congreso de la Unión, cuyo propósito político es frenar el desarrollo institucional del Instituto Nacional de Acceso a la Información y Protección de Datos (INAI).

A su vez, se analizará la propuesta gubernamental para eliminar la Secretaría de la Función Pública. Se opinará acerca de ambas iniciativas -aunque en teoría buscan crear nuevas instituciones "independientes"- en los hechos representan antiguos ejemplos de los proyectos burocrático y de relaciones públicas de la transparencia, ya que reconfiguran el diseño institucional de la rendición de cuentas que hasta la fecha está bajo el control directo y unilateral del Poder Ejecutivo Federal. Finalmente, concluimos este artículo con algunas recomendaciones para superar los problemas que enfrenta la transparencia en el país y para eliminar tendencias regresivas hacia el autoritarismo en las nuevas democracias.

2.5 Relaciones públicas, burocracia y anticorrupción

El rumbo que la transparencia y la rendición de cuentas tomen en nuestro país dependerá, en última instancia, del resultado de la creciente disputa entre tres concepciones de la transparencia: la perspectiva "ética burocrática", la orientada hacia las "relaciones públicas" y el proyecto de una transparencia " como "herramienta para combatir la corrupción". A continuación se definirá cada una de estas concepciones y explicaremos la forma en que en la práctica su desenvolvimiento ha potenciado o parado el avance de la democracia en México.

El concepto burocrática significa ejercicio del control basado en el conocimiento de la competencia técnica, rasgo que es lo que la hace específicamente racional (Weber, 1864-1920). De la administración pública con el fin de inyectarle una dosis mínima de higiene burocrática entra el concepto de ética como parte de la filosofía que estudia el bien y el mal relacionado con el comportamiento humano y con la moral (Real Academia Española, 2014). Y cuyo propósito seria de mejorar el control de los recursos básicos y la vigilancia de la implementación de la llamada "cultura de la legalidad"(Suprema Corte de Justicia de la Nación, 2015). Entre la ciudadanía y los funcionarios públicos. Esta concepción se funda en la hipótesis de que la corrupción es un problema de servidores públicos de bajo perfil o bajo nivel que llenan sus bolsillos a expensas de los ciudadanos, a la vez que considera que este fenómeno puede ser combatido a través de campañas de re-educación de la sociedad o de una "transformación cultural" (Vega, 2008).

Tomando como paradigma está perspectiva, que si bien falta en crecer y formar expertos en estos temas que aún en México como en otros países son relativamente jóvenes o nuevos, equipos de expertos y asesores en las áreas del derecho, la ciencia política y la administración pública, viajan alrededor del mundo emitiendo reportes y recomendaciones para mejorar la práctica del derecho de acceso a la información pública. Académicos, comisionados y funcionarios de las instituciones garantes del acceso a la información pública, organizan foros de alto nivel, conferencias internacionales y reuniones para analizar las propuestas y respuestas del gobierno. En ellas se ofrecen sugerencias para mejorar y modernizar los procedimientos internos de organización y el tratamiento de la información para con ello facilitar el proceso de las solicitudes, modernizar los portales electrónicos y acortar el tiempo de espera de las respuestas.

Desafortunadamente, aunque este trabajo es sumamente importante y valioso, no alcanza a ser lo suficientemente poderoso como para terminar con la resistencia de la burocracia y de algunos gobiernos a actuar con transparencia a rendir cuentas y erradicar la corrupción desde raíz, viendo como hipótesis que la mayor parte de la corrupción se vive en funcionarios de bajo perfil (Vega, 2008), tanto en México como en otros países en similar condición. La insuficiencia de estas medidas demuestra que el problema de fondo no es meramente político o estructural sino "técnico o "cultural".

En principio, no está en el interés inmediato de los funcionarios de alto nivel, a nivel municipal, el dar a conocer lo concerniente a sus acciones, decisiones, presupuestos y gasto público. Como continuamente se ha observado, no pocas veces la transparencia genera escándalos que pueden infligir daños a las carreras políticas de los funcionarios. En este sentido, la tendencia ha sido defender discursivamente la trasparencia, sin acompañarla de acciones concretas que reflejen un compromiso real con la rendición de cuentas, misma que ayudaría al combate de la corrupción desde el más bajo nivel.

La siguiente concepción visualiza a la transparencia como un instrumento para las relaciones públicas y puede definirse como el discurso que abusa del lenguaje de la transparencia y la rendición de cuentas con el objeto de lograr la legitimidad y estabilidad del gobierno, así como alcanzar la confianza de inversionistas y otros actores sociales con poder vis-a-vis (Rawlin, 2008) las demandas ciudadanas que pugnan por atacar de raíz la corrupción y terminar con la opacidad (Lopez & Merino, 2015). En otras palabras, esta aproximación desde las "relaciones públicas", ve a la transparencia únicamente como una herramienta de legitimación. En este orden de ideas, la transparencia ha ayudado en menor medida de lo que se habría esperado del pluralismo político y la transición al combate contra la corrupción. En este marco, el hecho de que durante el período de 2000 a 2012, un partido político distinto al Revolucionario Institucional haya estado en control del gobierno federal, otras áreas de gobierno y arenas de poder, no transformó en modo alguno la forma en que el poder y la autoridad han sido ejercidos en México.

Si se observa cuidadosamente, en México rara vez pasa un día sin que una importante figura política deje de aclamar las virtudes de la transparencia en los asuntos del gobierno. Políticos, servidores públicos, jueces y legisladores de todos los niveles de gobierno parecen estar obsesionados con demostrar su "compromiso" con el ideal de un "gobierno transparente y abierto". En agosto de 2009, el ex presidente Calderón resaltó el compromiso de su administración con la transparencia y declaró que "todos los mexicanos tienen el derecho de preguntar, a través de los mecanismos de transparencia, cómo gasta cada peso y cada centavo el Gobierno Federal" (Etcetera, 2009).

Los funcionarios públicos federales insisten en perpetuar la opacidad a través del cumplimiento superficial de la ley, para lo cual han desarrollado sofisticadas estrategias para evitar atender las solicitudes de acceso a la información. Evidencia de ello, es que casi un tercio de la totalidad de los servidores públicos confesó en una entrevista anónima que los efectos del derecho de acceso a la información los ha orillado a documentar cada vez menos sus actividades. De hecho, una revisión a los reportes que anualmente presenta el IFAI, demuestra que el número de veces que el gobierno responde que la información solicitada simplemente "es inexistente", ha crecido sostenidamente año con año.

De acuerdo con estadísticas oficiales, sólo en mayo de 2013 ha habido 2,278 respuestas de "inexistencia de la información solicitada". Las instituciones que han concentrado el mayor número de este tipo de respuestas son: la Secretaría de la Función Pública (el llamado "órgano anticorrupción"), el Instituto Mexicano del Seguro Social (IMSS) y la PGR. (IFAI, 2011).

En general, México se ha quedado rezagado en el ámbito de la información financiera. La Secretaría de Hacienda y Crédito Público es quizás la institución que más frecuentemente niega el acceso a la información pública del gobierno. Los fideicomisos gubernamentales, por ejemplo, son un ámbito clave en esta área puesto que reciben fondos no previstos en el presupuesto federal, son instituidos por la Secretaría de Hacienda y manejados por el gobierno, y comúnmente reúnen dinero público y privado. La opacidad con que se manejan estos fondos se auxilia formalmente con la excepción prevista en el Artículo 30 de la Ley de Transparencia y Acceso a la Información Pública, que prohíbe al gobierno dar a conocer cualquier información que pueda "dañar la estabilidad económica o financiera" del país. Esta expresión abre el camino para el incumplimiento generalizado de la legislación en materia de acceso a la información. No existe ninguna otra ley de acceso a la información en el mundo que contenga una reserva similar para proteger de forma tan amplia la "estabilidad" económica.

Las razones para cuestionar el uso indiscriminado de este tipo de reservas se justifica por la experiencia adquirida a causa de las fechorías patrimoniales, los abusos y las múltiples irregularidades de casos tan siniestros como el manejo corrupto del Fondo Bancario de Protección al Ahorro (FOBAPROA); los fondos fiduciarios privados (Aduanas I y Aduanas II), ambos establecidos y controlados por el gobierno para esconder los recursos públicos obtenidos de la recaudación de derechos arancelarios durante los gobiernos de Ernesto Zedillo y Vicente Fox; el Fondo Nacional de Desastres Naturales; el Fondo de Apoyo para el Rescate de Autopistas Concesionadas o el Fondo de Vivienda para los Educadores (sólo por mencionar algunos ejemplos), son muestra de que la opacidad imperante en el manejo de los recursos utilizados en estos fideicomisos extra presupuestarios, ha tenido la intención de mantener cualquier caso de corrupción fuera de la mirada pública (Sandoval, 2007a).

La palabra "fideicomiso" proviene del latín "fides", que significa "fidelidad" o "confianza", y "committere" que significa "comprometerse" (Real Academia Española, 2014). Sin embargo, hoy más que nunca, y viviendo en una era de transparencia, control del gobierno y rendición de cuentas, es claro que el ejercicio de los asuntos públicos no debe depender de la confianza. Por el contrario, su ejercicio debe garantizarse mediante la responsabilidad gubernamental. Nadie debería estar exento de rendir cuentas. Los 387,437.1 millones de pesos ejercidos en más de 300 fidecomisos públicos, y que para el 2014 se incrementó en 1,799,520,246 millones de pesos, deberían ser auditados periódicamente, pues son aportados por todos los mexicanos y afectan directamente nuestros derechos (Secretaria de Hacienda y Credito Público, 2014).

En el ámbito internacional ya existen experiencias que demuestran las mejores prácticas para el manejo responsable de estos fideicomisos. En Chile, por ejemplo, la figura del "fideicomiso ciego" (donde no hay contacto entre el beneficiario y el benefactor) es una herramienta importante para evitar conflictos de interés al interior de las empresas estatales. En Guatemala, las instituciones fiduciarias están obligadas a enviar reportes mensuales de los estados financieros de los fideicomisos públicos a la Oficina de Crédito Público del Ministerio de Finanzas Públicas para su evaluación y vigilancia periódica. Organizaciones como Transparencia Internacional también abogan por la implementación de un Sistema de Información Integrado en la administración financiera con el objetivo de combatir la opacidad fiscal en cuentas extra presupuestales y en fideicomisos públicos (Sandoval, 2007b).

Muchas de las nuevas leyes aprobadas recientemente por los gobiernos estatales, supuestamente en armonía con el nuevo texto constitucional pero claramente guiadas por la misma lógica de la transparencia como un asunto de relaciones públicas, han agravado ostensiblemente los problemas en lugar de ofrecerles solución. En algunos estados, la obligación constitucional de reformar y armonizar las leyes locales de acceso a la información, ha sido aprovechada oportunamente por los gobiernos para ampliar los supuestos legales de reserva, incluyendo frecuentemente categorías tan amplias que con ellas sea posible abarcar todo tipo de situaciones y así justificar la secrecía de información que podría ser incómoda en caso de llegar a manos de un periodista o un rival político.

El caso de la Comisión Especial de Acceso a la Información del Congreso de la Unión, también representa un ejemplo de ineficacia e inefectividad, visto por su documento de exposición de motivos dentro del Congreso, donde no se ven puntos claros de avance en materia de transparencia y rendición de cuentas (Cámara de Diputados del H. Congreso de la Unión LXI Legislatura 2009). En su seno se evidencian los conflictos de interés al estar integrada por los coordinadores parlamentarios de cada fracción legislativa y por tres asesores externos que, a pesar de pertenecer al ámbito académico, mantienen cercanía política con los legisladores (Financiero, 2013).

Las reformas al Código Federal de Procedimientos Penales, hechas en el pasado gobierno de Felipe Calderón, son un ejemplo más de la transparencia que sirve a las relaciones públicas. En medio de la que quizás sea la crisis de seguridad más seria que México haya experimentado, el Congreso aprobó un proyecto de ley que envuelve a la Procuraduría General de la República en una nube de secrecía. Específicamente, el nuevo texto legal prohíbe el acceso a cualquier información contenida en las averiguaciones previas, por lo que se reserva de forma absoluta, aún en la modalidad de versión pública, cualquier dato que documente la labor investigativa de los fiscales o Ministerios Públicos. Esta prohibición es contraria al "Principio de Máxima Publicidad" contenido en el Artículo 6 de la Constitución, así como al Artículo 20 del mismo texto constitucional, el cual establece que los procedimientos criminales deben guiarse por el principio de publicidad. Adicionalmente, el nuevo texto legal va más allá contrariando incluso diversos tratados internacionales de derechos humanos, firmados y ratificados por México.

Para justificar esta violación a la Constitución y a la Ley Federal de Acceso a la Información Pública, los impulsores de las medidas circunscriben el debate al discurso sexenal de la lucha "eficiente" en contra del crimen organizado. Para ello, argumentan que el acceso indiscriminado a los documentos gubernamentales permitiría a los criminales el acceso a la información para desafiar la autoridad. Además, en un total desconocimiento de la materia, se plantea que con la reserva total se protegen también los derechos de privacidad y reputación de las personas involucradas en la investigación. Sin embargo, la intención profunda de la reforma no era mejorar la eficiencia de las tareas de investigación, ni la defensa de los ciudadanos involucrados. En realidad, la reforma es resultado de la incomodidad del gobierno con las solicitudes planteadas por periodistas que pretendían documentar los vínculos de actores políticos y otros sujetos públicos con el poder, el dinero y la corrupción.

Por supuesto que existen razones suficientes para pensar en la protección de datos personales o no revelar las estrategias o medidas de seguridad de inteligencia, que de por si cualquier acto de inteligencia es sensible, pero clausurar o cerrar totalmente la puerta al acceso a la información de manera tajante no se justifica incluso en los ámbitos de la privacidad de forma categórica incluyendo los de seguridad pública. El abrir los procedimientos a cargo de la Procuraduría General de la República al escrutinio público, podría ayudar de manera significativa a la evaluación de sus funciones y al combate efectivo a la corrupción. Desafortunadamente, el Congreso bajo presión directa del ex mandatario Felipe Calderón pensó lo contrario.

Retomando el argumento central de este artículo, tocando puntos partiendo de la hipótesis que entiende a la transparencia desde una perspectiva como herramienta anti-corrupción, entendiéndola como orientada a mejorar el desempeño y la percepción de la burocracia y los gobiernos, así mejorando la democracia, la transparencia es un instrumento de acción colectiva diseñado para hacer efectiva la rendición de cuentas, combatir la corrupción y desarticular el sistema de impunidad y privilegios tan profundamente arraigado en México. Tal perspectiva entiende a la transparencia como presupuesto básico para el ejercicio de los derechos y la ciudadanía, y no como un asunto de "limpia burocrática" (Bovens, 2002). El objetivo principal de este proyecto de transparencia se orienta a servir como motor de cambio que impulse los avances normativos y políticos necesarios en el ámbito anti-corrupción.

La sociedad civil, los movimientos sociales, los periodistas de investigación y los ciudadanos comprometidos y participativos con apoyo de los medios de comunicación alternativos y las redes sociales han sido actores fundamentales para el desarrollo de la transparencia y lucha contra la corrupción. Estos actores sociales han desempeñado un papel de enorme importancia en la lucha para promover la transparencia como un elemento indispensable anti-corrupción. Sus acciones e iniciativas han impulsado el avance de este proyecto, puesto que han demostrado ser mucho más conscientes y capaces de documentar los abusos que las propias instituciones, políticos y tecnócratas de la transparencia. En otras palabras, la lucha para dotar a la transparencia de un significado real, ha sido un camino largo y escabroso que requiere, en última instancia, de voluntad política y movilización social, no sólo de fórmulas técnicas, talleres, discursos o una mayor normatividad.

Desafortunadamente, los proyectos de transparencia burocrática y para las relaciones públicas han sido de superioridad en México y generalmente han eclipsado el proyecto democrático expansivo de la transparencia (Sandoval, 2013).

Un ejemplo que captura de forma evidente de la transparencia que sirve a las relaciones públicas, fue el episodio protagonizado por el propio presidente de la República a principios de la actual administración. El 15 de enero de 2013, Enrique Peña Nieto organizó una vistosa conferencia de prensa para hacer el "histórico" anuncio de que él y otros destacados miembros de su gabinete harían pública sus declaraciones patrimoniales. El problema fue que tales declaraciones tuvieron la peculiar característica de no contener información alguna acerca de sus propiedades (Montalvo, 2013).

Sin embargo, las versiones públicas de su declaración patrimonial no transparentaban ninguna información sobre el valor o ubicación de los bienes raíces, ni sobre sus estados financieros u otro tipo de información relevante (México CNN, 2013) . Tampoco se hizo pública información alguna acerca de la situación patrimonial de sus familiares o allegados políticos. Además, la mayor parte de las propiedades del presidente y sus colaboradores, que por cierto en el caso del Lic. Emilio Lozoya, Director Ejecutivo de PEMEX, incluían una obra original de Picasso y cuatro originales de Dalí, fueron declaradas como meras "donaciones" sin apuntar mayor explicación. Aun así, para el Presidente, el dar a conocer esta información fue en sí misma una "muestra clara de su compromiso con la transparencia" (México CNN, 2013).

En respuesta al rechazo hacia su persona, su esposa la primera dama en acción a otro posible acto de corrupción como lo es la llamada "casa blanca", el Presidente lanzó desde el principio de su gobierno dos nuevas propuestas en el terreno de la rendición de cuentas para reconstruir el apoyo social y recuperar la legitimidad que se dudó en las urnas. La primera propone la transformación del órgano garante del derecho de acceso a la información, el IFAI, a un cuerpo totalmente "autónomo", ya que hoy en día el órgano se encontraba bajo el control del Ejecutivo llamándolo Instituto Nacional de Acceso a la Información Pública. La segunda propuesta es la creación de un órgano anti-corrupción supuestamente independiente que se encargue de investigar y prevenir este fenómeno. Aunque ambas propuestas suenan en principio interesantes, una revisión rápida a los detalles de estos proyectos revela que su diseño permitiría encubrir y dejar impune la corrupción y la opacidad.

La primera de estas propuestas pretende centralizar el control político y subordinar al INAI al Poder Ejecutivo. Con la segunda, se eliminaría el Servicio Civil de Carrera del Gobierno Federal al decretarse la desaparición del actual órgano anti-corrupción, la Secretaría de la Función Pública (SFP) y de la Secretaría de Seguridad Pública. Ambas iniciativas ponen de manifiesto que la agenda del gobierno únicamente ve a la transparencia como un proyecto útil en tanto éste sirva a las relaciones públicas, y no como un proyecto de empoderamiento ciudadano que impulse y fortalezca la democracia.

"Información es poder" y la propuesta de transparencia de Enrique Peña Nieto no intenta modernizar al IFAI al garantizarle una autonomía real. Por el contrario, su propósito principal es fortalecer su control sobre la afluencia de la información y perpetuar la opacidad en el gobierno, especialmente en asuntos políticos delicados. La supuesta "autonomía" que el INAI gozará, quedará sólo en su nombre, pues la propuesta mantiene e incluso coloca a nivel constitucional el control casi total del presidente sobre los comisionados por vía de su elección. Para el nuevo INAI que el PRI visualiza, no serán necesarias audiencias de nominación o debates públicos sobre los méritos de los candidatos ni comparecencias frente al Poder Legislativo. Como ocurre en Roma con la elección del Sumo Pontífice de la Iglesia Católica, "humo blanco" un día emergerá de la residencia presidencial en Los Pinos, con lo cual el Senado no tendrá otra opción que aceptar los nombramientos.

Sumado a esto, lo que se pretende acrecentar el poder del primer mandatario, hasta cada estado con los institutos de transparencia es que los nombramientos de los comisionados de los órganos locales sean también centralizado y decisión de este instituto nacional denominado autónomo como mera relación pública, y sean los institutos estatales solo como apoyo al INAI, lo que podría traducirse en el control total de la transparencia u opacidad según les convenga desde Los Pinos.

Entonces, como mera formalidad, el Senado tendrá la posibilidad de "objetar" los nombramientos dentro de los 30 días siguientes, remitiéndolo a la humillación de aquellos días en que el Congreso funcionaba únicamente como instancia de mera aprobación. Y si dentro de esos 30 días el Senado no emitiera una respuesta o reacción oficial, las nominaciones presidenciales serán automáticamente ratificadas. Aún más, si los senadores tienen el atrevimiento de rechazar las propuestas presidenciales en dos ocasiones, el Presidente tendrá la facultad de nombrar directamente a una tercera persona de su elección. En otras palabras, el único dilema para el presidente será el de elegir si quiere investir a sus elegidos con una aparente legitimidad al obtener la aprobación del Senado, o no. Independientemente de la estrategia que elija, sus leales operadores la avalarán.

Ésta es precisamente la razón tras su intención de aumentar el número de comisionados del INAI de cinco a siete. La propuesta no busca fortalecer a la institución con mayores capacidades en términos de recursos humanos, sino consolidar el poder político del Presidente dentro del órgano garante de la transparencia del país. Adicionalmente, resulta preocupante que el presidente Peña Nieto proponga que los nuevos elegidos permanezcan en sus puestos hasta 8 años, lo que implicaría asignarlos con los nombramientos más extensos de la historia de México.

Esta práctica controladora solo acrecentó y da notoriedad a este poder total al que se pretende llegar, es en las actuales renovaciones de los Institutos Estatal Electoral, los llamados OPLES, donde el Instituto Nacional Electoral fue el que tomó la decisión de quienes serían los representantes locales en esta materia (Instituto Nacional Electoral, 2015). Convirtiendo de esta manera los OPLES en mero ayudantes para el INE (Aleman, 2015).

La lealtad dentro del INAI no resulta novedosa, pues ya desde su creación en 2003, los presidentes Vicente Fox y Felipe Calderón fueron altamente eficaces en revestir al organismo con leales partidarios. Peña Nieto está ahora deseoso de tener a sus propios comisionados. El actual presidente pretende completar la tarea de transformar al INAI de una institución originalmente diseñada para defender el derecho de los ciudadanos a la información, a un guardaespaldas de transparencia personal.

En caso de lealtades y como pantalla política el nombramiento del Secretario de la Función Pública Virgilio Andrade Martínez como ejemplo de otro guardaespaldas anti-corrupción y rendición de cuentas, ha resultado ser eficaz en cubrir los actos del mandatario, estas prácticas se dejan ver a la luz con la polémica generada en la llamada "casa blanca" donde un caso de corrupción lo dejan ver como un acto bien estudiado de uso de recursos propios del mandatario (Ascención & Martínez, 2015).

El proyecto de reforma de transparencia viene acompañado también de nuevas garantías para implementar la opacidad en la práctica. Hoy en día, las resoluciones del INAI son definitivas y el gobierno no puede apelarlas siquiera ante la Suprema Corte de Justicia de la Nación o cualquier otro tribunal. La reforma del Presidente propone poner fin a esta limitante, a la vez que permite que éste desafíe cualquier decisión del INAI que pueda "poner en riesgo la seguridad nacional". Como es evidente, esa salida de emergencia podría convertirse rápidamente en un peligro para el derecho de acceso a la información. No debemos olvidar, por ejemplo, el histórico caso de la solicitud de acceso a las boletas electorales utilizadas en las elecciones presidenciales de 2006, donde el candidato conservador Felipe Calderón fue declarado ganador con menos de un punto de diferencia (0.5 puntos), y entre múltiples denuncias de fraude electoral (Ackerman, 2013a).

A pesar de las docenas de solicitudes para acceder a las boletas y así realizar un recuento ciudadano independiente, las autoridades electorales simplemente se negaron una y otra vez a permitir el acceso, utilizando precisamente el argumento de un potencial peligro a la "seguridad nacional". El rechazo por parte de las autoridades continúa, ya que el caso aún está abierto ante los tribunales internacionales, en clara violación a la Ley de Transparencia y Acceso a la Información Pública, y son un recordatorio constante de que la transparencia en México únicamente llega tan lejos como le es políticamente "factible". Una vez más, se hace evidente que la transparencia útil para las relaciones públicas es una idea que permite mejorar y legitimar la imagen del gobierno, pero rápidamente se convierte en peligrosa e inaceptable cuando toca áreas extremadamente sensibles del poder público y se acerca a un auténtico proyecto de expansión democrática (Ackerman, 2013b).

Con respecto al nuevo órgano anti-corrupción, Peña Nieto ha propuesto exactamente el mismo procedimiento de selección de comisionados que en el INAI: opacidad, decisiones discrecionales y poco democráticas. Con la creación del nuevo órgano, el presidente no sólo tendrá la oportunidad de oro de distribuir empleos y cargos burocráticos entre partidarios y aliados, sino que garantizará su influencia en el diseño de las políticas de combate a la corrupción.

La propuesta presenta dos problemas más. El primero es que con el objetivo de hacer espacio para la nueva institución, se propone eliminar por completo la Secretaría de la Función Pública, una dependencia del Ejecutivo creada en 2003, encargada de aplicar la Ley del Servicio Civil de Carrera y de vigilar el gasto público. Sus funciones y responsabilidades serán desarticuladas y repartidas a cada miembro del gabinete, particularmente, a la Secretaría de Hacienda y Crédito Público (Senado de la Republica, 2015).

En otras palabras, el sistema de control interno a cargo de la profesionalización del Gobierno Federal y de la fiscalización del gasto público, construido durante los últimos treinta años, será completamente desmantelado, fragmentado y entregado a operadores políticos. Por supuesto, debe reconocerse que el actual sistema de control interno presenta serios desafíos, pero la solución no está en deshacerse de él, sino en reconstruirlo a partir del reconocimiento de las fortalezas existentes y de la solución de los problemas habituales.

El segundo problema, quizás aún más problemático que el primero, radica en que el nuevo órgano anti-corrupción supuestamente "autónomo", estará bajo control de un nuevo "Consejo Nacional por la Ética Pública". El propósito principal de este consejo será convertirlo esencialmente en una corporación política, pues estará integrado por los 31 gobernadores de los Estados, el Secretario de Hacienda, el Secretario de Gobernación y el Procurador General de la República e, irónicamente, estará presidido por nada menos que el propio Presidente de la República. El diseño institucional de esta nueva corporación busca garantizar que los criterios políticos prevalezcan en la deliberación de la supuesta lucha contra la corrupción en los próximos gobiernos. Este panorama colma satisfactoriamente el proyecto de la transparencia para las relaciones públicas, ya que asegura la total impunidad para los funcionarios de alto nivel que ocuparán un lugar en el Consejo, así como para sus amigos y aliados. En otras palabras, aun cuando el Consejo coloque "algún pez menor en la sartén", aquellos de gran peso continuarán ocupándose de sus negocios al amparo del Consejo. Desde que era gobernador en el Estado de México, Peña Nieto perfeccionó el arte de utilizar instituciones supuestamente independientes para encubrir sus abusos; ahora, como Presidente, su estrategia de rendición de cuentas parece repetir la experiencia creando más elefantes blancos a escala nacional.

Irónicamente, mientras la administración de Peña Nieto insiste con firmeza que la industria petrolera sufre de endémicos problemas de control gubernamental, simultáneamente propone la implementación de estrategias de re-centralización e hiper-burocratización del sistema de control gubernamental sobre la corrupción. Por el contrario, periodistas y ciudadanos que evidencian cotidianamente la corrupción son castigados y no premiados o, siquiera, tomados en cuenta. Tal situación explica por qué México es considerado uno de los países más peligrosos del mundo para ejercer el periodismo, comparándosele incluso con Afganistán (DE Regil, 2015).

Pero además de la politización y burocratización extrema que Peña Nieto propone, los organismos de transparencia ya han venido enfrentando en años recientes sus propias dificultades políticas. Incluso las instituciones de vigilancia más independientes, dirigidas por expertos de tiempo completo, tienden a ponerse del lado del gobierno y no de la sociedad al momento de decidir los casos. Por lo general, los órganos de control suelen mostrarse extremadamente titubeantes para dar seguimiento y asegurar el cumplimiento de sus decisiones, llegando al extremo de no atreverse a sancionar a los funcionarios de gobierno que esconden o alteran información pública de forma intencional.

Resulta relevante reconocer que los problemas de fondo no residen únicamente en el ámbito gubernamental e institucional. Organizaciones de la sociedad civil, periodistas y ciudadanos comunes también adolecen de un profundo conocimiento sobre los derechos contenidos en la ley, y cuando utilizan este instrumento prevalece más un ánimo de curiosidad o de generar escándalos sobre un auténtico interés por vigilar o evaluar cuentas al gobierno. Las estadísticas revelan, por ejemplo, que las solicitudes más comunes se refieren a los historiales médicos de los mismos solicitantes o algún familiar, a los salarios y cuentas de gastos de los funcionarios públicos de alto nivel, a la vez que se consulta muy poco por los destinos específicos de los recursos del Presupuesto de Egresos de la Federación o el impacto y los resultados de las políticas públicas (IFAI, 2014).

Lo que está en juego en todos estos casos es, precisamente, la definición de un proyecto democrático expansivo de la transparencia y el derecho de acceso a la información pública, cuyos fines atiendan a la exigencia ciudadana del fortalecimiento de la democracia. Otro ejemplo, de la transparencia como relaciones públicas que no sólo estaría abonando a favor de la opacidad que caracteriza a la Procuraduría General de la República (PGR) cuando dio a conocer la versión pública del caso ayotzinapa con 54,000 hojas divididas en 85 tomos y 13 anexos limitando el acceso a la información pública con información desmedida y no clara de este caso, siendo otra manera de opacidad, ya que para leer estos tomo tomaría tanto tiempo como los 7 meses y 100 personas que lo realizaron (Economista, 2015). Si la ley de transparencia y las autoridades en la materia no garantizan la protección constitucional que los casos como el mencionado, avalaría que la opacidad y la impunidad continuaran en vigor respecto de uno de los capítulos más indignantes de la historia de México en los últimos años, ayotzinapa, tlatlaya, por mencionar algunos. También ratificaría que la colusión que tradicionalmente impera entre el dinero y el poder continúe en la impunidad. Aún más, una decisión de este tipo convertiría las "resoluciones" de los institutos y órganos de transparencia y acceso a la información del país en simples "recomendaciones", sin mayor poder vinculatorio.

El caso de los créditos fiscales otorgados por el SAT es particularmente relevante, pues involucra la cantidad de 500 mil millones de pesos mexicanos en recursos públicos, que representan el 2% del PIB. Si bien es cierto que un "crédito fiscal" no constituye un rubro de gasto público per se, tales recursos sí representan una pérdida para el Estado, quien deja de percibir el dinero necesario para fondear programas públicos que son de interés público. Adicionalmente, si dichos créditos son otorgados discrecionalmente o en forma irregular, ello evidentemente significa un abuso del gobierno en la esfera financiera pública, como es el caso de Televisa donde le perdonaron más de 3 mil 334 millones de pesos y solo en el 2013 (Proceso, 2013). Solo por mencionar una empresa un año especifico, lo cual se traduce en un fraude a gran escala por parte del sector empresarial.

En México, la información "confidencial" que en ningún caso debería ser hecha pública, es aquella concerniente a "las vidas privadas de los individuos y a su información personal". Las personas morales no cuentan con "información personal". Tal es la afirmación de la Ley Federal de Protección de Datos Personales en Posesión de los Particulares, la cual define claramente el concepto de dato personal como "la información concerniente a una persona física identificada o identificable". En este orden de ideas, la información referente a la conducta financiera de las grandes corporaciones empresariales que se beneficiaron directamente de dicho subsidio legal o "crédito fiscal", no puede ser considerada ni clasificada como información "confidencial".

Para evadir este asunto, el gobierno federal invocó el Artículo 69 del Código Fiscal de la Federación que obliga al personal del SAT a mantener "la reserva absoluta en lo concerniente a las declaraciones y datos suministrados por los contribuyentes". Debemos considerar, sin embargo, que la información de un crédito fiscal no es aportada por un particular, sino un acto de autoridad por el cual una entidad gubernamental toma la decisión unilateral de no recaudar la deuda fiscal de un contribuyente. El cálculo de la cantidad a aplicarse como crédito fiscal corresponde exclusivamente a la autoridad y, por tanto, no puede considerarse como información "suministrada por los contribuyentes". Tal consideración ha motivado a diversos grupos de la sociedad civil a cuestionar no sólo la aplicación del "secreto fiscal" para el caso concreto de los créditos fiscales, sino su constitucionalidad misma, al considerar que su uso viola el principio de "máxima publicidad", mismo que admite excepciones específicas, pero no prohibiciones genéricas a la transparencia.

2.6 El Precio de la Corrupción

La Auditoría Superior de la Federación publicó recientemente un reporte detallado sobre las irregularidades cometidas durante la construcción de la llamada "Estela de Luz". Diversas modificaciones al contrato original permitieron un aumento significativo del costo final de la construcción. El costo inicialmente proyectado fue de 394,400.0 millones de pesos mexicanos, pero el costo final ascendió a 1,146,372.7 millones(Auditoria Superior de la Federación, 2011). Este mismo organismo también ha documentado que del año 2006 hasta el 2012, casi 150 millones de dólares (1,768 millones de pesos) fueron repartidos a los líderes del sindicato de la paraestatal Petróleos Mexicanos (PEMEX), para cubrir los gastos por concepto de viáticos, viajes y otras actividades recreativas de sus dirigentes (Gurrea, 2013).

El Instituto Nacional Electoral de México (INE), otra institución que ha perdido parte de legitimidad y prestigio a causa de su cuestionable comportamiento en las dos últimas elecciones presidenciales, también se encuentra inmerso en un nuevo escándalo de corrupción. En esta ocasión, el escándalo se asocia con la adquisición de sus nuevas oficinas que en el año 2009, un alto funcionario del IFE autorizó la compra de un edificio de oficinas por 262 millones de pesos mexicanos, a pesar que había sido valorado en 118 millones de pesos. En el año 2013, el Contralor General del IFE, Gregorio Guerrero, aseguró tener documentos que mostraban un claro caso de colusión. A lo que se suma que el propio INAI, también ha sido acusado de irregularidades y opacidad en la compra de su nuevo edificio (Rodriguez, 2012).

Por supuesto, todo esto se relaciona con fracasos paralelos de los gobiernos elegidos democráticamente para atender problemas tan serios como la pobreza y la desigualdad, más allá de la profunda y arraigada corrupción que ha caracterizado a la región. Este es un fenómeno extendido, que se relaciona también con la incapacidad de los gobiernos para transformar la relación que han establecido con sus sociedades, así como con un fracaso para cambiar la percepción del gobierno en esta nueva época.

Frente a este desafiante escenario, la explosión internacional de leyes de acceso a la información pública había ofrecido cierta esperanza para reencauzar los ideales y las prácticas de la democracia. En las pasadas dos décadas, cada vez más países legislaron y aprobaron nuevas leyes para garantizar a sus ciudadanos el derecho a solicitar y recibir documentos públicos sin la necesidad de justificar sus intenciones ni acreditar "interés jurídico". Hoy en día, casi 100 leyes nacionales de acceso a la información se encuentran en vigor alrededor del mundo. Bolivia, Ecuador, Paraguay, Uruguay y Brasil son algunos de los países de América Latina que recientemente aprobaron leyes que garantizan el derecho a la información (Partnership, 2012).

En teoría, garantizar a los ciudadanos el poder de evaluar directamente la forma en que opera el gobierno, permite a la transparencia crear ciudadanos participativos y críticos, ahora no solo es crear y/o educar a los ciudadanos con sentido crítico, sino, también puedan crecer en propuestas para mejoras de sus gobiernos, y mediante las leyes de transparencia la información sirva para frenar la ola de violencia y corrupción que se percibe en muchos lados de México.

2.7 Protección de Datos Personales, violación de privacidad y excusa para la opacidad

La información que maneja el Estado va más allá de los recursos económicos, materiales y humanos; engloba además, múltiples datos de las personas físicas que pueden ser catalogados como privados o personales, de los cuales, tiene la obligación de resguardar bajo la ley de Protección de Datos Personales.

Uno de los antecedentes más relevantes sobre la privacidad data de 1834, cuando la frase "the right to privacy is the right to be let alone"(O'Callaghan, 1991a). tocó las puertas de la Corte Suprema de los Estados Unidos, al considerar el criterio "defendant asks nothing –wants nothing, but to be a let alone until it can be shown that he has violated the right of another"(Johnn, 1991).

Al hablar de privacidad nos enfrentamos con un grave problema: el concepto de intimidad no es estático, sino que va cambiando conforme se modifican las costumbres y la ideología de un pueblo; varía según el tiempo y el lugar y si bien, mucho se ha hablado de ella, poco se ha legislado en esta materia y aún la ciencia no ha logrado sentar un concepto uniforme.

Muy aventurado resulta el pretender definir a la privacidad: "La intimidad, que por sí misma ya es un concepto relativo y no está, ni puede estarlo perfecta y objetivamente concretado, tiene, además, que ser delimitado; lo cual, a su vez, es tarea más difícil todavía"(O'Callaghan, 1991b).

Ello nos "...conduce al rechazo de un concepto absoluto de vida privada, con límites y contenidos fijos e inmutables. Es preciso aceptar, por consiguiente, que se ha de trabajar con un concepto multiforme, variable e influido por situaciones contingentes de la vida social"(Novoa, 1981).

Por cuestiones de orden, debemos partir de la idea de que lo privado, se refiere a aquello "que es particular y personal de cada uno (Real Academia Española, 2014). Que está reservado a una sola persona o a un grupo selecto y escogido". Pero a la palabra "privado" se le identifica también con el vocablo "íntimo", concebido como aquello "que se hace en la intimidad de la familia o amigos más próximos".

En la doctrina mexicana se han empleado los términos privacidad e intimidad como sinónimos, para referirse a "...aquella parte de la vida personal que todo ser humano pretende sustraer a la indiscreción de los demás. Está constituida por aquellas vivencias de la vida familiar que constituyen en rigor de verdad su esencia y que deben permanecer en el sagrado de la vida doméstica para la protección y conservación de los lazos familiares. Asimismo forman parte importante de este derecho a la intimidad, todos los actos inmediatamente relacionados con la consumación de la vida amorosa"(Galindo, 1995).

No se debe perder de vista que la ley expresada, reglamenta los artículos sexto y séptimo constitucionales, por lo que, regulan a la vida privada como una garantía individual, más no como un derecho de la personalidad, con las consecuencias que ello implica.

La privacidad como garantía individual, es oponible por los particulares frente a la autoridad. Como derecho de la personalidad, sólo tiene cabida entre particulares. En el primero de los supuestos, estamos en presencia de relaciones de supra a subordinación y, en el segundo de los casos, frente a relaciones de coordinación. De este modo, hablamos de que la rama del derecho que los regula es el derecho Público y el derecho Privado, respectivamente.

Paralelo a la privacidad y bajo el resguardo de la Ley Federal de Transparencia y Acceso a la Información Pública, existe el término de "datos personales". Pero si el concepto de privacidad ha resultado vago, impreciso o incluso el de concretar, el concerniente a los datos personales, lo es todavía más, pues debemos preguntarnos ¿qué son los datos personales?, ¿pueden considerarse como sinónimos de privacidad o intimidad? o ¿es que acaso se trata de figuras diferentes?

Desde el punto de vista de la Ley Federal de Transparencia y Acceso a la Información Pública, la privacidad existe bajo el marco de los denominados "datos personales", considerando como tales a "La información concerniente a una persona física, identificada o identificable, entre otra, la relativa a su origen étnico o racial, o que esté referida a las características físicas, morales o emocionales, a su vida afectiva y familiar, domicilio, número telefónico, patrimonio, ideología y opiniones políticas, creencias o convicciones religiosas o filosóficas, los estados de salud físicos o mentales, las preferencias sexuales, u otras análogas que afecten su intimidad" y, como sistema de datos personales al "conjunto ordenado de datos personales en posesión de un sujeto obligado".

La enunciación presentada en la ley en cita, no resulta muy apropiada, puesto que confunde a la privacidad con otros conceptos, como los atributos de la personalidad. Cierto es que el nombre y el domicilio, por citar algunos casos, son datos que bajo determinadas circunstancias se mantienen en reserva, pero no por ello se les debe considerar como privados, puesto que como ya se dijo, son parte de los denominados atributos de la personalidad.

Por otra parte, aspectos como las creencias o convicciones religiosas o filosóficas, no pueden considerarse como datos personales, al menos no dentro de nuestra sociedad, puesto que no afectan en forma alguna la intimidad de las personas, supuesto indispensable, de conformidad con el artículo 3º fracción II de la Ley Federal de Transparencia y Acceso a la Información Pública.

De una interpretación armónica, entre los conceptos antes señalados y del espíritu de la Ley, podemos concluir, que por datos personales debemos entender aquellos que se refieren al nombre, domicilio, número telefónico, fecha de nacimiento, dirección de correo electrónico y los demás de naturaleza análoga, referidos a las personas físicas.

Resulta conveniente señalar que la Suprema Corte de Justicia de la Nación no ha emitido tesis de jurisprudencia o jurisprudencia alguna, que permita desentrañar el sentido de los datos personales, por lo que habremos de conformarnos con los conceptos que de ellos puede brindar la ley, la doctrina y los estudiosos del derecho.

Por lo anteriormente expuesto, se concluye que los datos personales no deben confundirse con la privacidad, pues mientras aquellos se refieren a cuestiones más o menos generales que no exponen a los sujetos al escrutinio público, por lo tanto se pretende brindar una protección, a efecto de asegurar un desarrollo armónico de la personalidad de todo ser humano, situación que redundará en un beneficio no sólo personal, sino de la sociedad en general.

La privacidad como aspecto fundamental de la modernidad, ha sido rescatada en parte con la creación de la Ley Federal de Transparencia y Acceso a la Información Pública, refiriéndose a ella en forma de "datos personales".

Uno de los objetivos de la ley en cita, lo constituye el "Garantizar la protección de los datos personales en posesión de los sujetos obligados", entendidos como –los Poderes de la Unión, los órganos constitucionales autónomos o con autonomía legal y cualquier otra entidad federal, estatal o municipal– a través de una restricción, al considerarla como información confidencial, pero sólo respecto de aquellos datos que requieran el consentimiento de los individuos para su difusión, distribución o comercialización.

2.8 Conocimiento del derecho de acceso a la información del estado de Durango hasta 2015

Para conocer como a avanzado la transparencia en el estado de Durango, los esfuerzos de los gobiernos, sociedad civil y empresarios, para avanzar en esta materia, el resultado que ha tenido las cantidades de inversión, y para poder saber quién o quienes solo han usado la transparencia en sus discursos de campaña, o como se menciona, usar la transparencia de la relación pública, Es imperante conocer las evaluaciones de todos los sujetos obligados del estado en el periodo de 10 años de evolución de la materia.

En el 2004 dio inicio del instituto encargado de las evaluaciones de los sujetos obligados en materia de transparencia, pero este año la entonces Comisión de Acceso a la Información Pública del estado de Durango (CAIPED) se dio a la tarea de conformar el equipo, instalaciones, asi como equipo necesario para su operación, no es hasta iniciando el año de 2005 cuando empiezan sus labores de verificación de los portales de los sujetos obligados, que en el 2005 eran 51, fue creciendo el aparato de gobierno, escuelas, partidos políticos hasta llegar a 120 en 2015.

El instituto ha cambiado de denominación en 3 ocasiones, iniciando en 2004 llamándose Comisión de Acceso a la Información Pública del estado de Durango (CAIPED), en julio de 2008 Comisión Estatal para la Transparencia y el Acceso a la Información Pública (CETAIP) y finalmente el 6 de julio de 2009 cambia a Instituto Duranguense de Acceso a la Información Pública y de Protección de Datos Personales (IDAIP) donde su presupuesto a variado desde $1,402,000 pesos en 2004 hasta 2015 11,783,480 pesos.

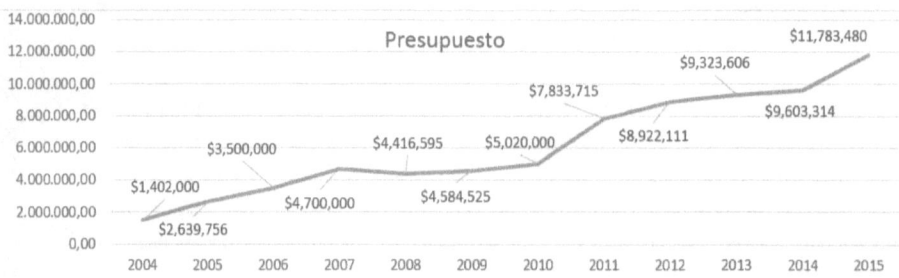

Gráfico 1 (fuente: Elaboración Propia con datos oficiales del IDAIP)

2.9.1 Calificaciones en materia de transparencia del Poder Ejecutivo del estado de Durango de 2005 a 2015

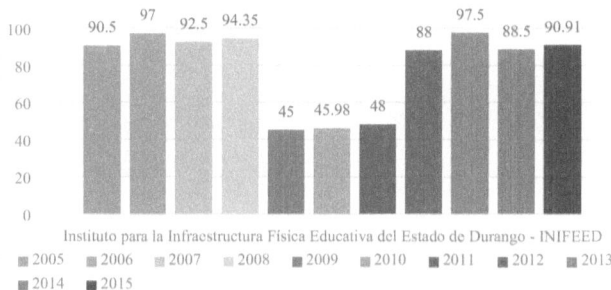

Gráfico 2 (fuente: Elaboración Propia con datos oficiales de las verificaciones IDAIP)

El Instituto para la Infraestructura Física Educativa del estado de Durango (INIFEED) se empezó a llamar así en el año 2009, antes era el Comité de Construcción de Escuelas.

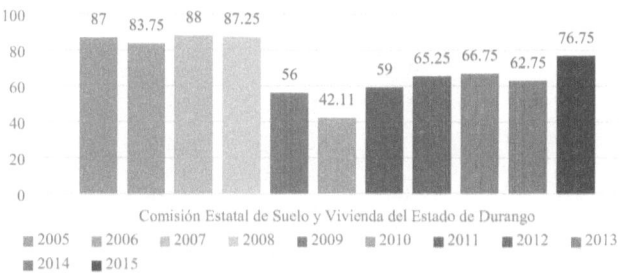

Gráfico 3 (fuente: Elaboración Propia con datos oficiales de las verificaciones IDAIP)

La Comisión Estatal de Suelo y Vivienda del Estado de Durango (COESVI) cambio a este nombre en 2011, antes se llamaba Instituto de la Vivienda del Estado (IVED).

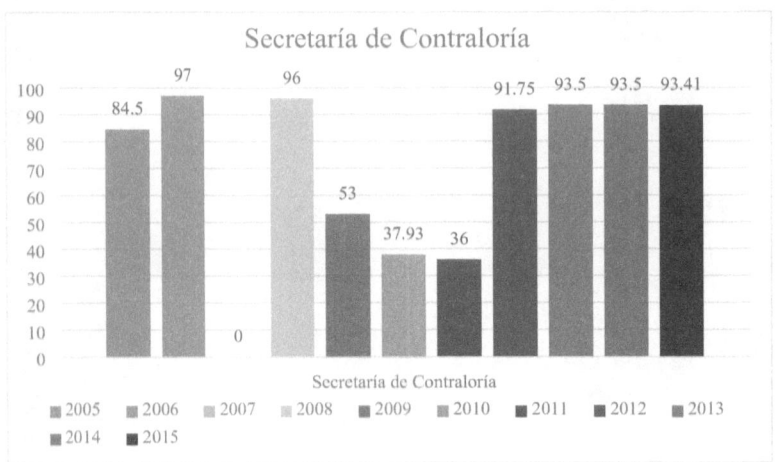

Gráfico 4 (fuente: Elaboración Propia con datos oficiales de las verificaciones IDAIP)

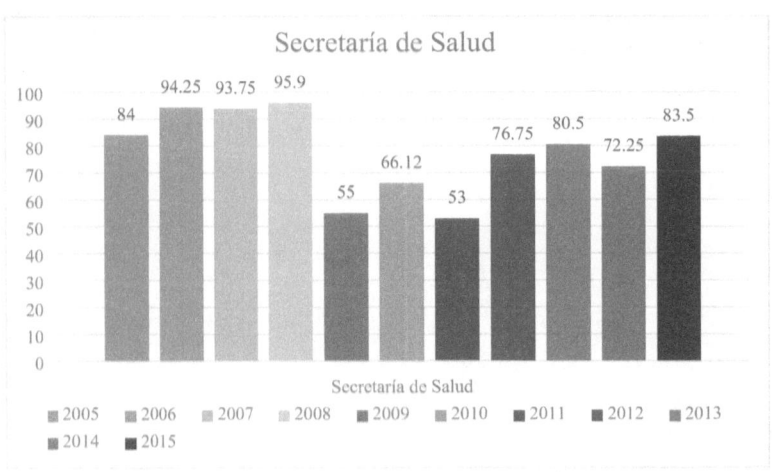

Gráfico 5 (fuente: Elaboración Propia con datos oficiales de las verificaciones IDAIP)

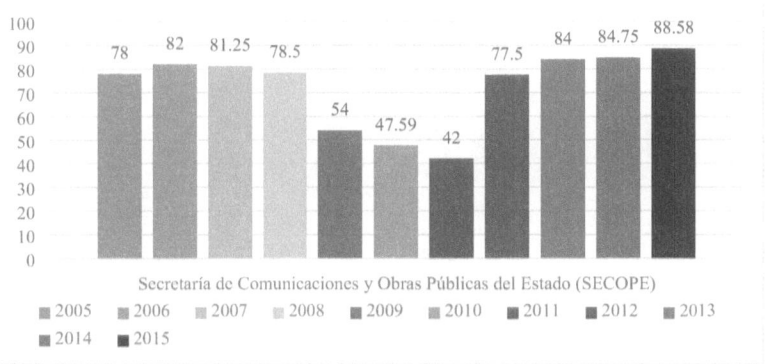

Gráfico 6 (fuente: Elaboración Propia con datos oficiales de las verificaciones IDAIP)

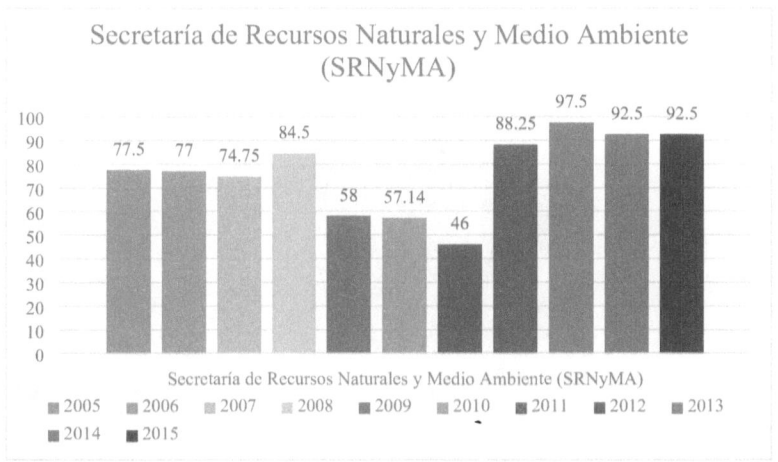

Gráfico 7 (fuente: Elaboración Propia con datos oficiales de las verificaciones IDAIP)

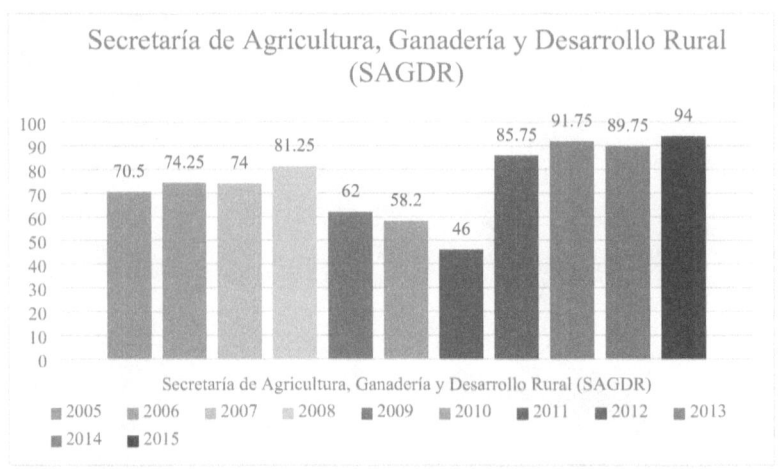

Gráfico 8 (fuente: Elaboración Propia con datos oficiales de las verificaciones IDAIP)

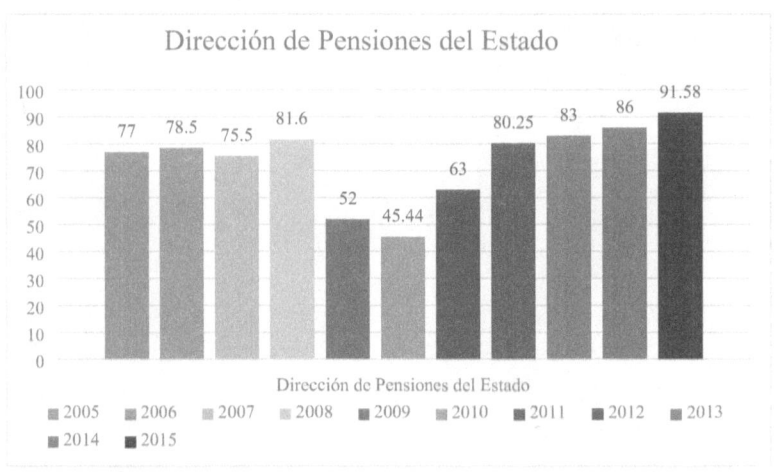

Gráfico 9 (fuente: Elaboración Propia con datos oficiales de las verificaciones IDAIP)

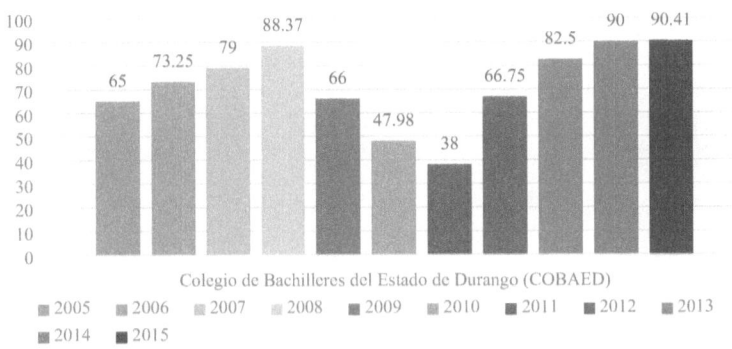

Gráfico 10 (fuente: Elaboración Propia con datos oficiales de las verificaciones IDAIP)

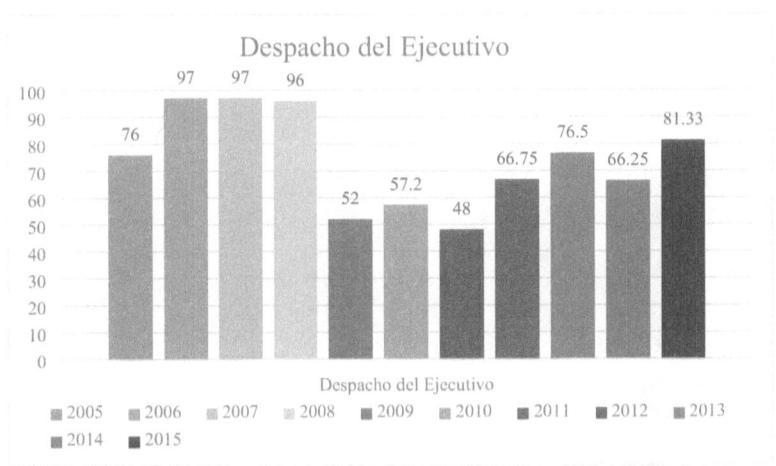

Gráfico 11 (fuente: Elaboración Propia con datos oficiales de las verificaciones IDAIP)

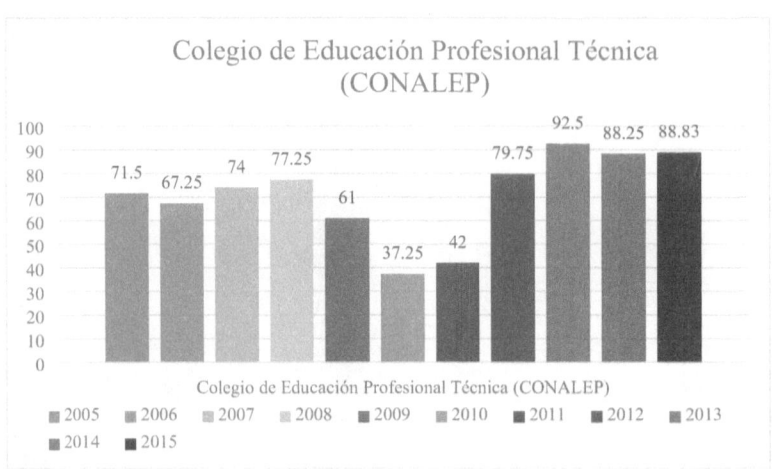

Gráfico 12 (fuente: Elaboración Propia con datos oficiales de las verificaciones IDAIP)

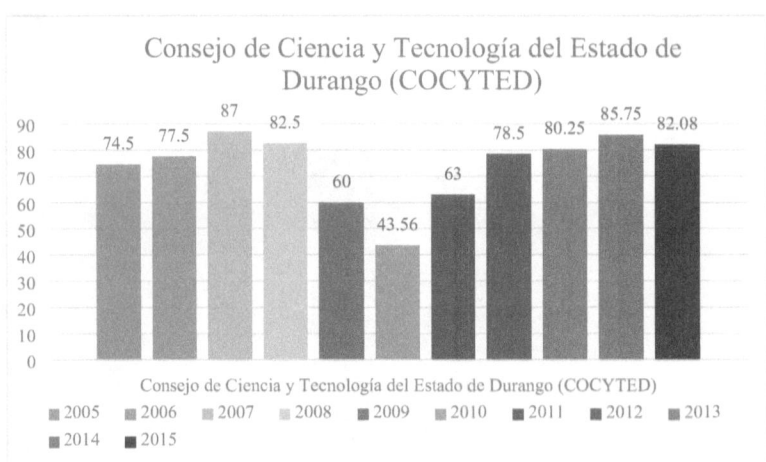

Gráfico 13 (fuente: Elaboración Propia con datos oficiales de las verificaciones IDAIP)

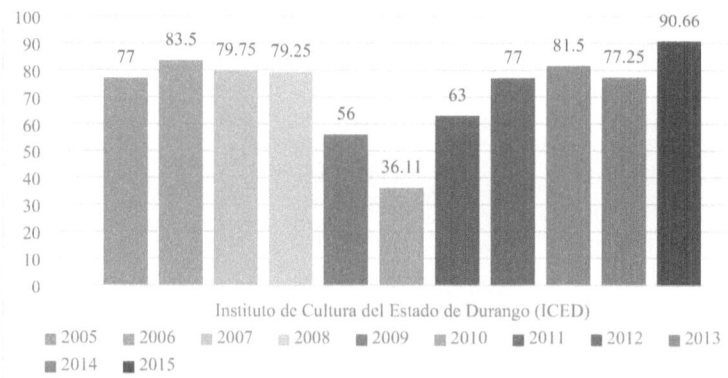

Gráfico 14 (fuente: Elaboración Propia con datos oficiales de las verificaciones IDAIP)

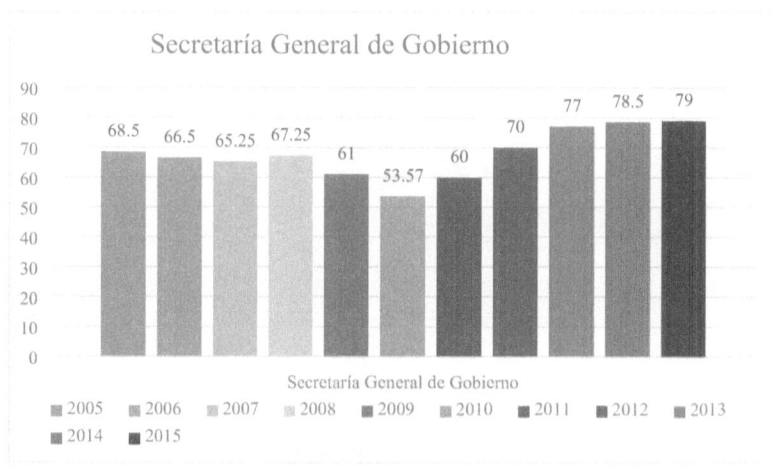

Gráfico 15 (fuente: Elaboración Propia con datos oficiales de las verificaciones IDAIP)

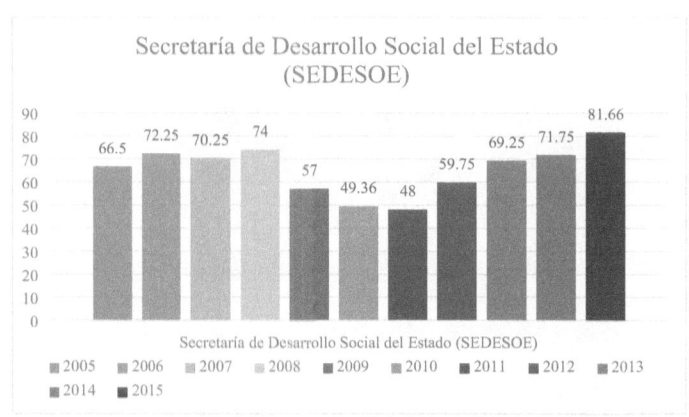

Gráfico 16 (fuente: Elaboración Propia con datos oficiales de las verificaciones IDAIP)

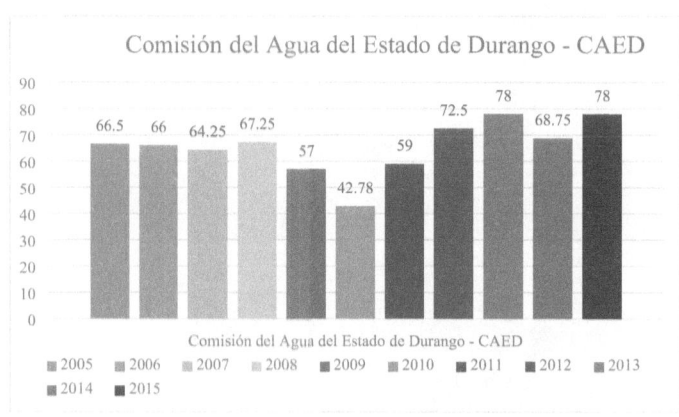

Gráfico 17 (fuente: Elaboración Propia con datos oficiales de las verificaciones IDAIP)

En el año 2005 era la Junta Estatal de Agua Potable y Alcantarillado (JEAPA), en 2007 cambio de nombre a Sistema Descentralizado de Agua Potable y Alcantarillado (SIDEAPA) y en 2008 cambió a Comisión del Agua del Estado de Durango (CAED).

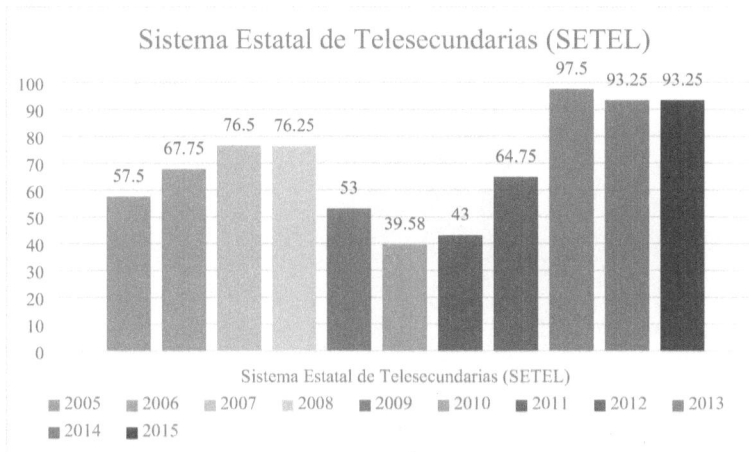

Gráfico 17 (fuente: Elaboración Propia con datos oficiales de las verificaciones IDAIP)

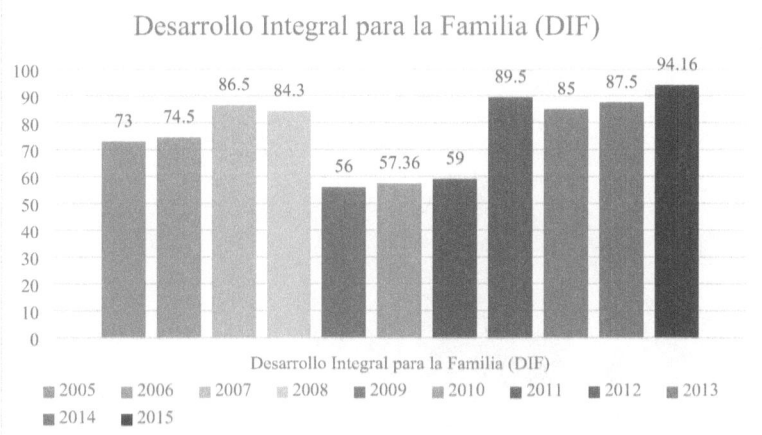

Gráfico 18 (fuente: Elaboración Propia con datos oficiales de las verificaciones IDAIP)

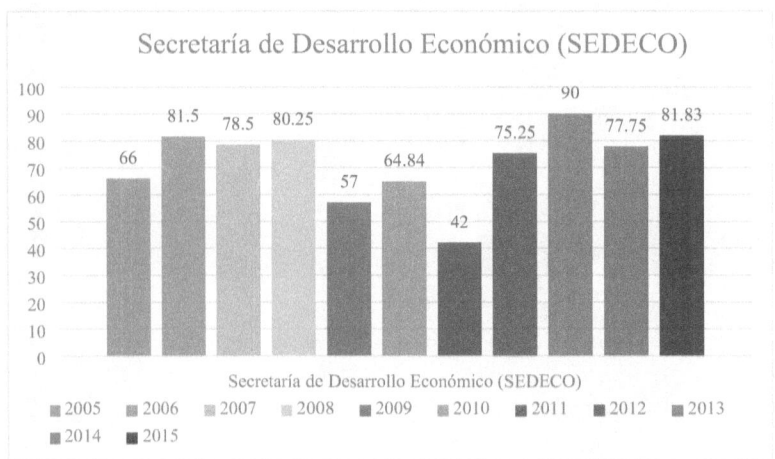

Gráfico 19 (fuente: Elaboración Propia con datos oficiales de las verificaciones IDAIP)

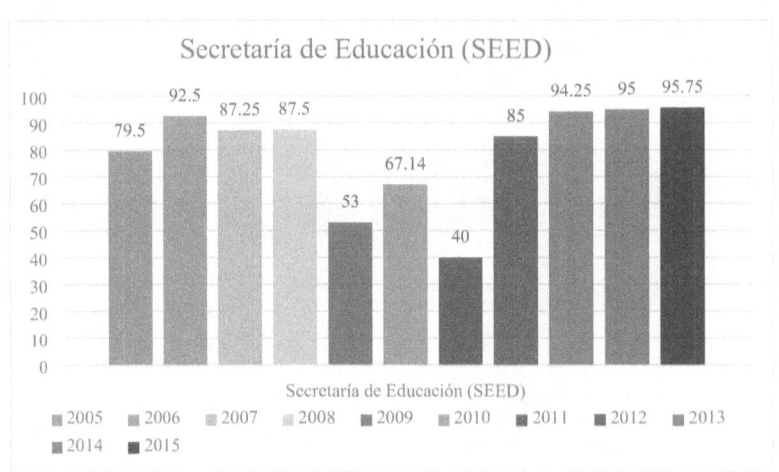

Gráfico 20 (fuente: Elaboración Propia con datos oficiales de las verificaciones IDAIP)

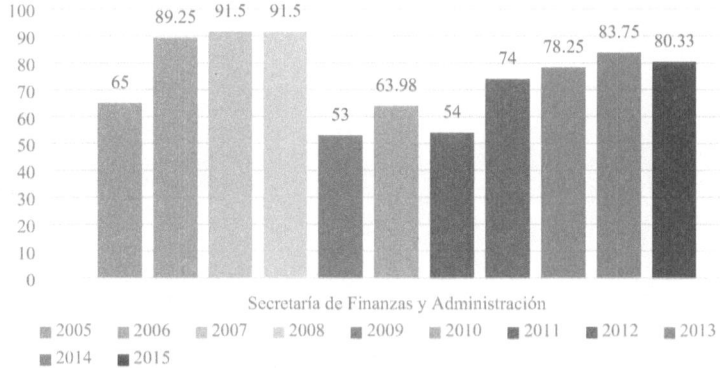

Gráfico 21 (fuente: Elaboración Propia con datos oficiales de las verificaciones IDAIP)

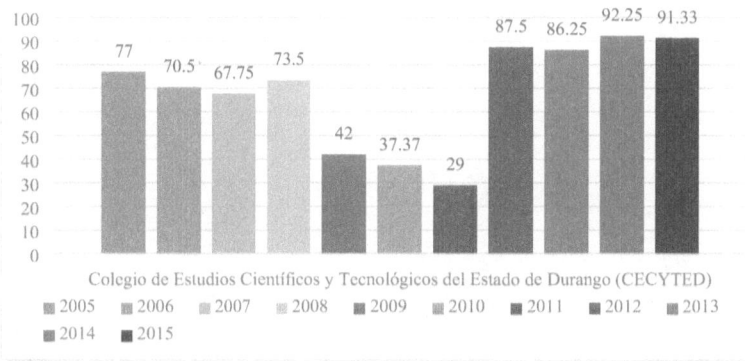

Gráfico 22 (fuente: Elaboración Propia con datos oficiales de las verificaciones IDAIP)

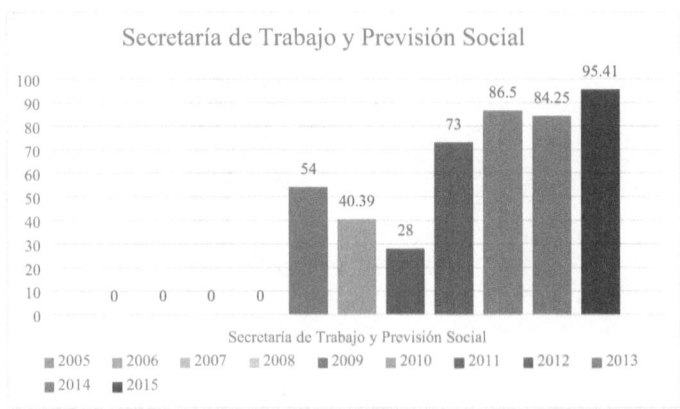

Gráfico 23 (fuente: Elaboración Propia con datos oficiales de las verificaciones IDAIP)

La secretaría del Trabajo y Previsión Social Inició sus operaciones en el estado en el año 2009.

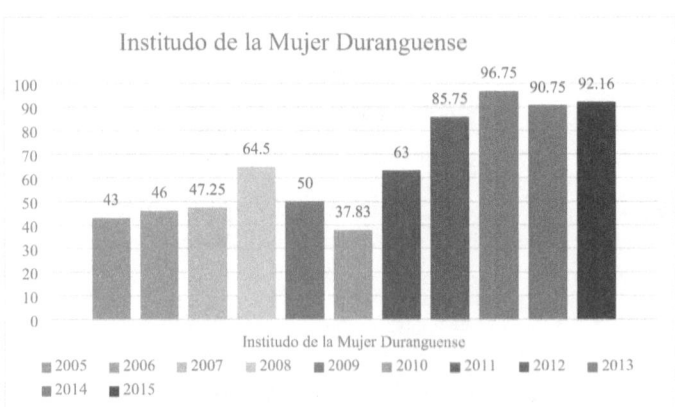

Gráfico 24 (fuente: Elaboración Propia con datos oficiales de las verificaciones IDAIP)

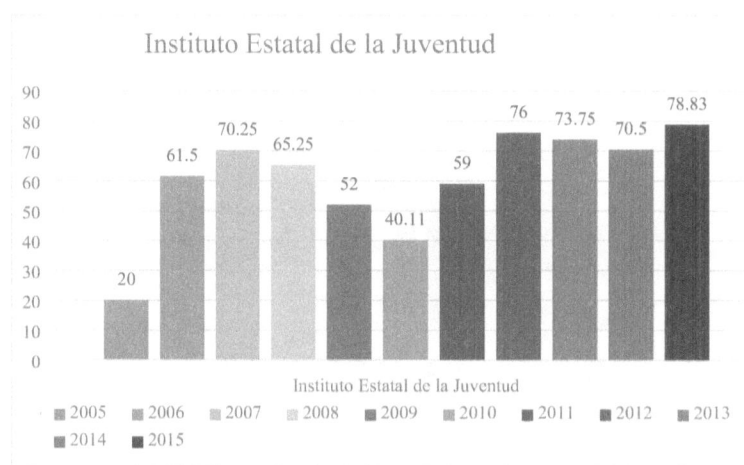

Gráfico 25 (fuente: Elaboración Propia con datos oficiales de las verificaciones IDAIP)

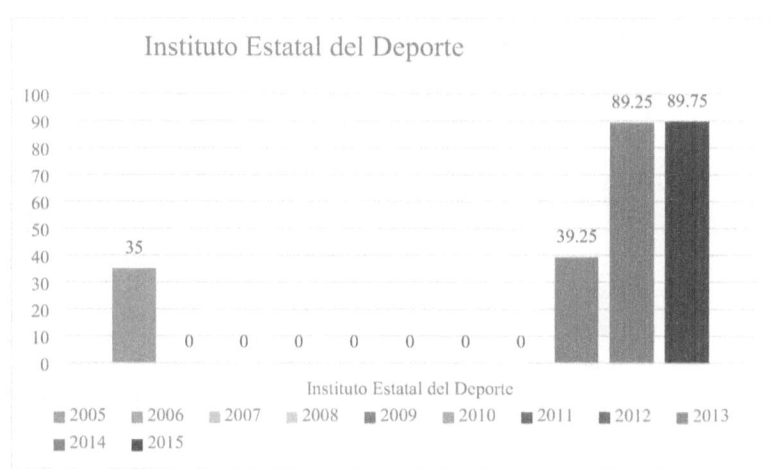

Gráfico 26 (fuente: Elaboración Propia con datos oficiales de las verificaciones IDAIP)

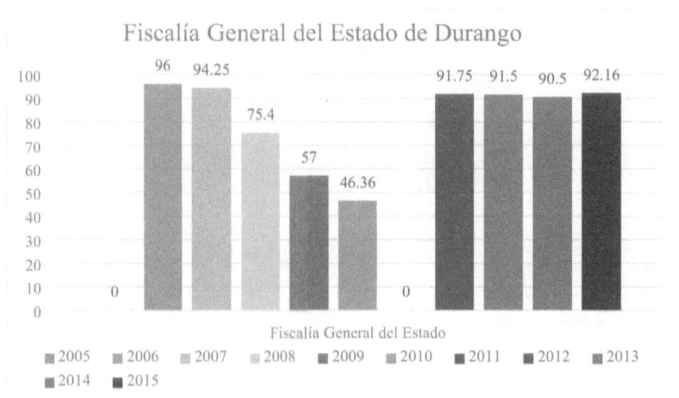

Gráfico 27 (fuente: Elaboración Propia con datos oficiales de las verificaciones IDAIP)

En el 2011 tomó el nombre de Fiscalía General del Estado, antes denominada Procuraduría General de Justicia.

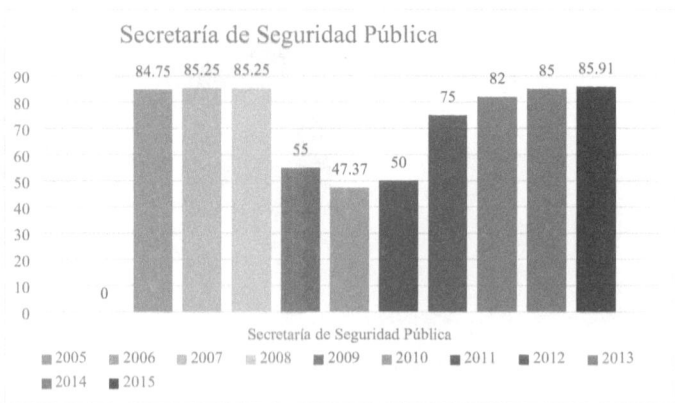

Gráfico 28 (fuente: Elaboración Propia con datos oficiales de las verificaciones IDAIP)

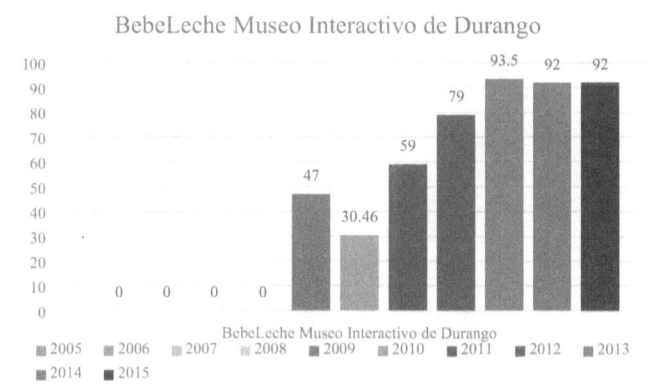

Gráfico 29 (fuente: Elaboración Propia con datos oficiales de las verificaciones IDAIP)

El Museo Interactivo Bebeleche inició su funcionamiento en el año 2009.

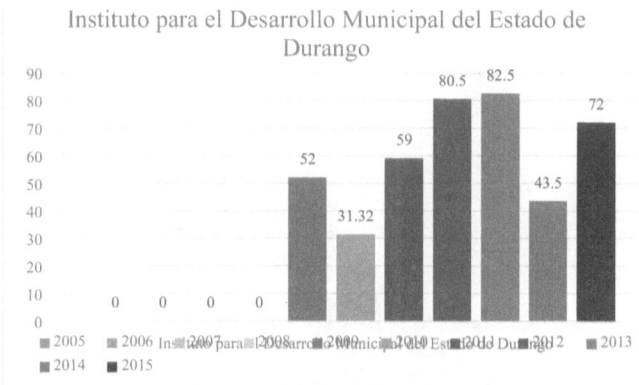

Gráfico 30 (fuente: Elaboración Propia con datos oficiales de las verificaciones IDAIP)

El Instituto para el Desarrollo Municipal del Estado de Durango inicio el año 2009 con el nombre de Instituto de Desarrollo Urbano cambiando su nombre al actual en el año 2014.

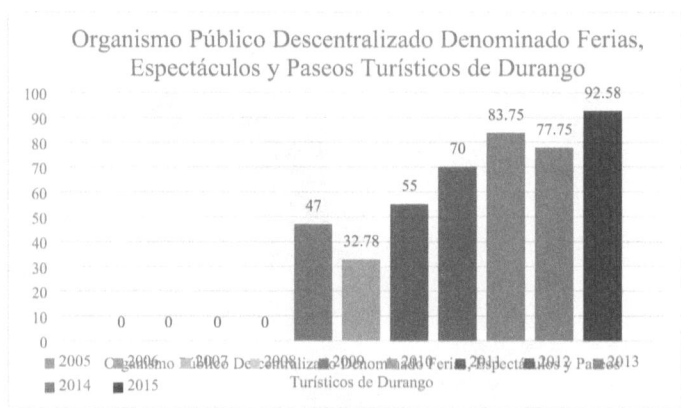

Gráfico 31 (fuente: Elaboración Propia con datos oficiales de las verificaciones IDAIP)

En el año 2009 inicia el Patronato de la Feria Nacional de Durango cambiando su nombre en el año de 2012 al Organismo Público Descentralizado Denominado Ferias, Espectáculos y Paseos Turísticos de Durango.

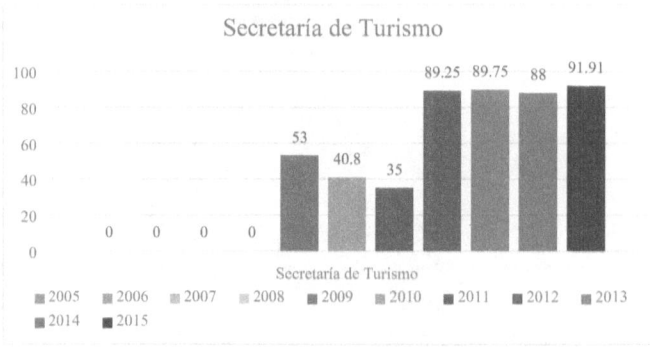

Gráfico 32 (fuente: Elaboración Propia con datos oficiales de las verificaciones IDAIP)

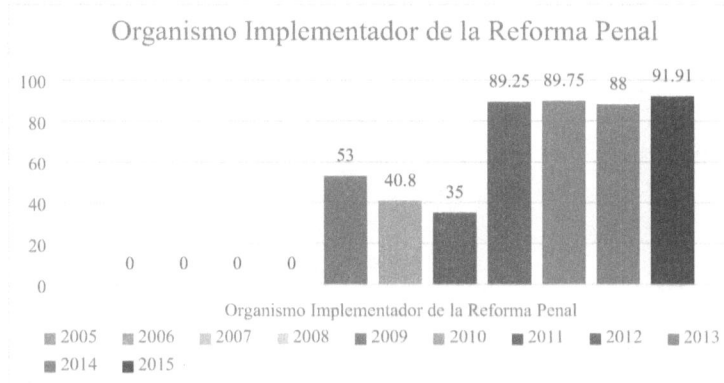

Gráfico 33 (fuente: Elaboración Propia con datos oficiales de las verificaciones IDAIP)

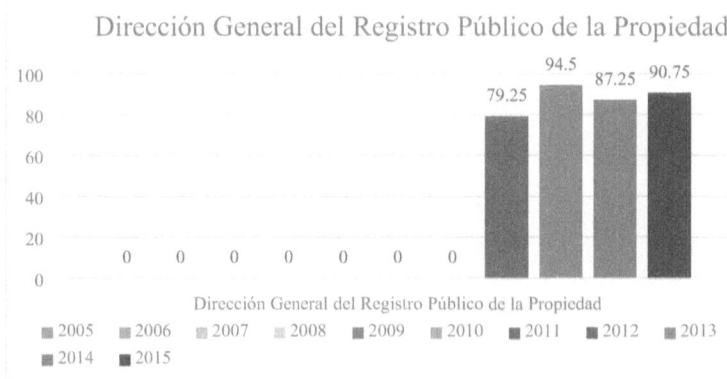

Gráfico 34 (fuente: Elaboración Propia con datos oficiales de las verificaciones IDAIP)

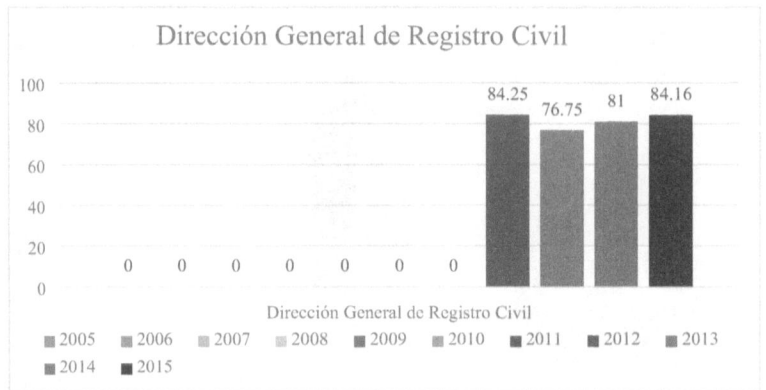

Gráfico 35 (fuente: Elaboración Propia con datos oficiales de las verificaciones IDAIP)

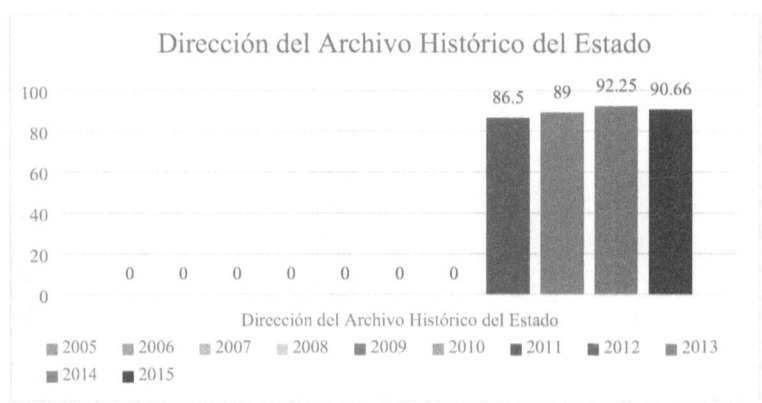

Gráfico 36 (fuente: Elaboración Propia con datos oficiales de las verificaciones IDAIP)

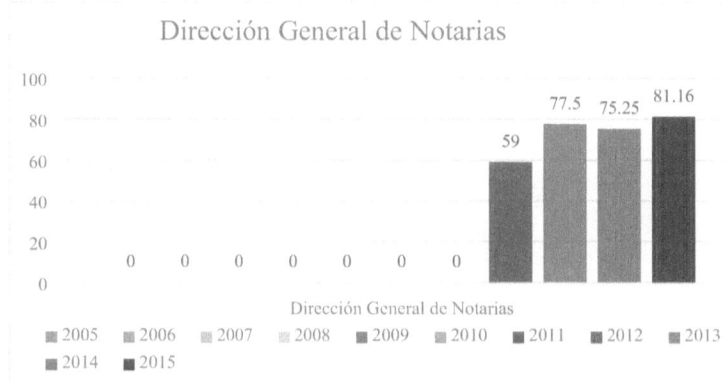

Gráfico 37 (fuente: Elaboración Propia con datos oficiales de las verificaciones IDAIP)

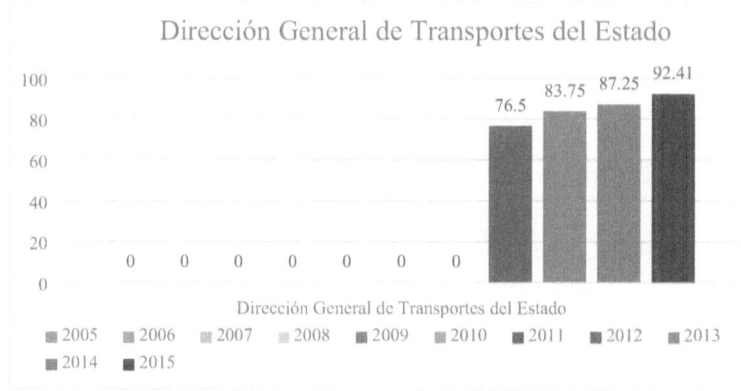

Gráfico 38 (fuente: Elaboración Propia con datos oficiales de las verificaciones IDAIP)

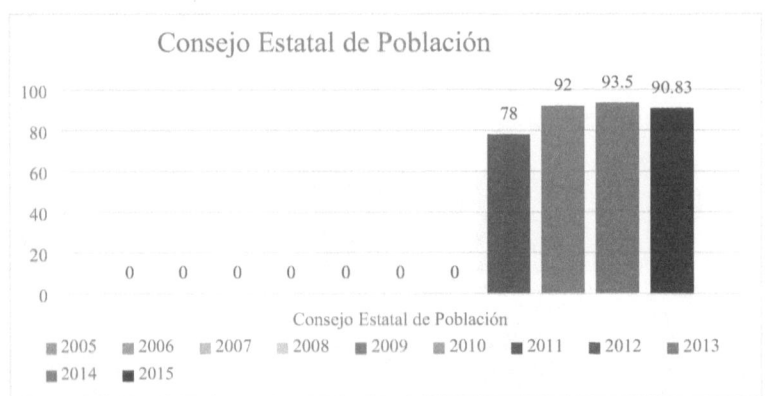

Gráfico 39 (fuente: Elaboración Propia con datos oficiales de las verificaciones IDAIP)

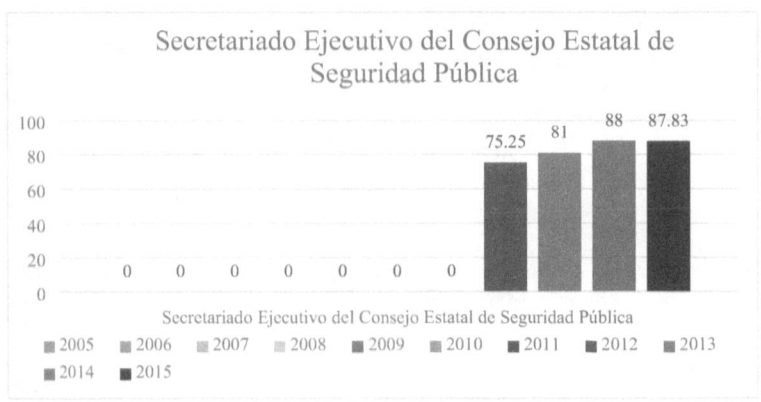

Gráfico 40 (fuente: Elaboración Propia con datos oficiales de las verificaciones IDAIP)

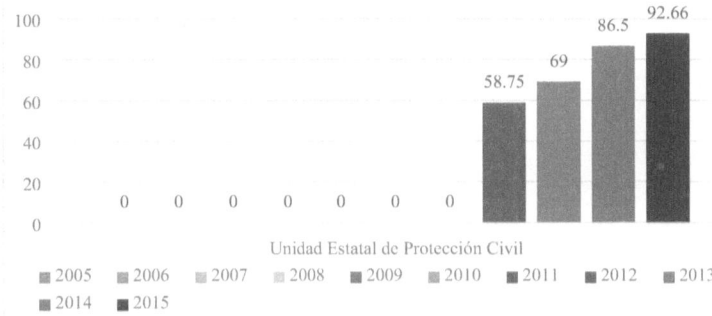

Gráfico 41 (fuente: Elaboración Propia con datos oficiales de las verificaciones IDAIP)

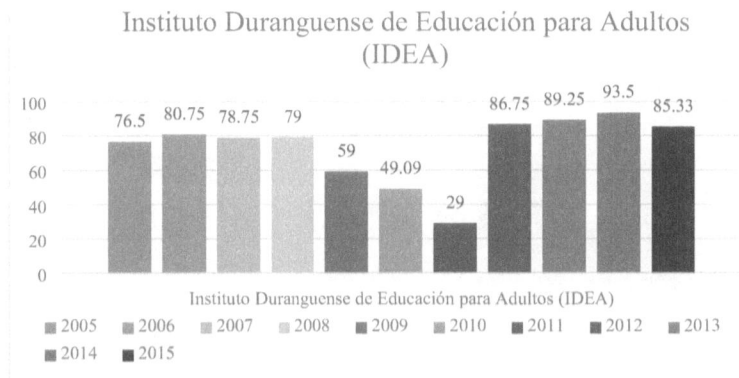

Gráfico 42 (fuente: Elaboración Propia con datos oficiales de las verificaciones IDAIP)

Gráfico 43 (fuente: Elaboración Propia con datos oficiales de las verificaciones IDAIP)

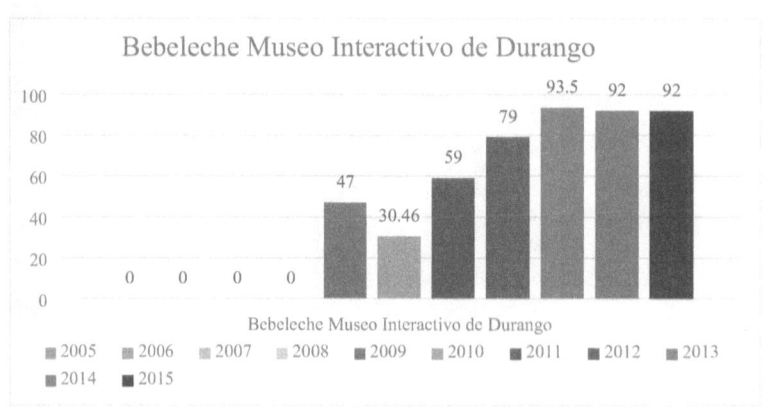

Gráfico 44 (fuente: Elaboración Propia con datos oficiales de las verificaciones IDAIP)

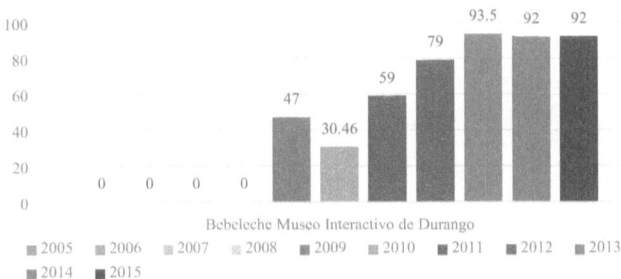

Gráfico 45 (fuente: Elaboración Propia con datos oficiales de las verificaciones IDAIP)

En el año 2006 desaparecieron 2 dependencias, Centro de capacitación y Desarrollo que en el 2005 tuvo una calificación de 53.5 y el Sistema de Modernización y Tecnología Educativa del Estado que obtuvo una calificación de 45.5 en el año 2005.

2.9.2 Calificaciones en materia de transparencia de Organismos Autónomos del estado de Durango de 2005 a 2015

Gráfico 46 (fuente: Elaboración Propia con datos oficiales de las verificaciones IDAIP)

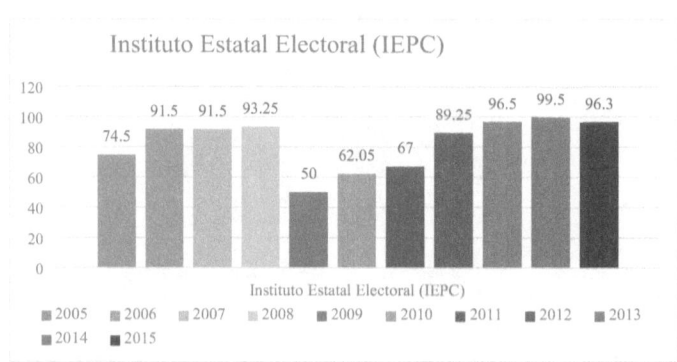

Gráfico 47 (fuente: Elaboración Propia con datos oficiales de las verificaciones IDAIP)

2.9.3 Calificaciones en materia de transparencia del Poder Legislativo del estado de Durango de 2005 a 2015

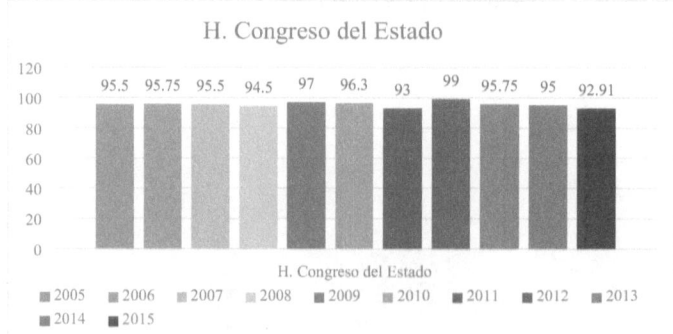

Gráfico 48 (fuente: Elaboración Propia con datos oficiales de las verificaciones IDAIP)

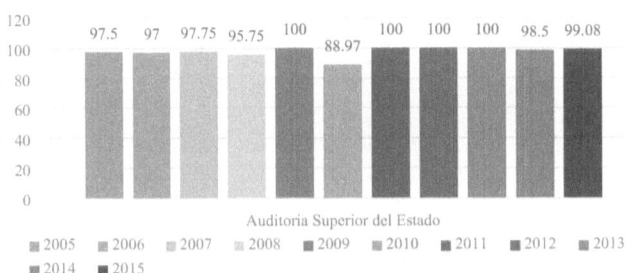

Gráfico 49 (fuente: Elaboración Propia con datos oficiales de las verificaciones IDAIP)

2.9.4 Calificaciones en materia de transparencia del Poder Judicial del estado de Durango de 2005 a 2015

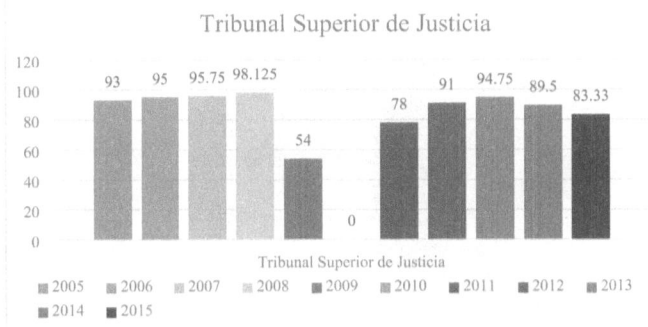

Gráfico 50 (fuente: Elaboración Propia con datos oficiales de las verificaciones IDAIP)

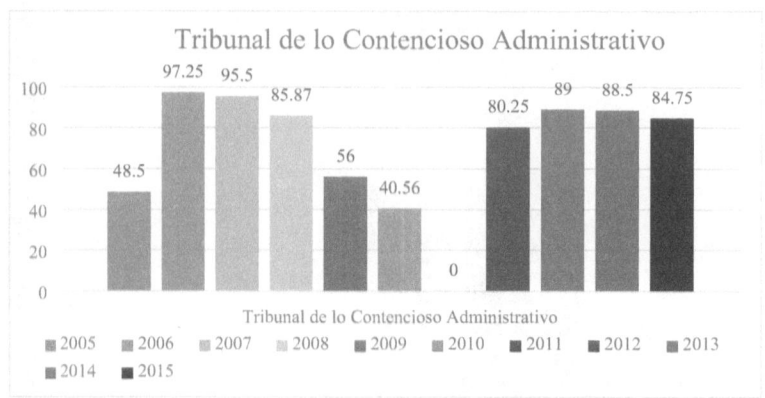

Gráfico 51 (fuente: Elaboración Propia con datos oficiales de las verificaciones IDAIP)

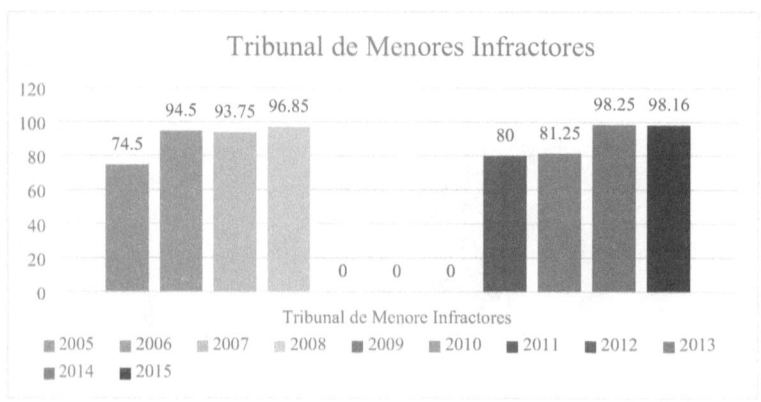

Gráfico 52 (fuente: Elaboración Propia con datos oficiales de las verificaciones IDAIP)

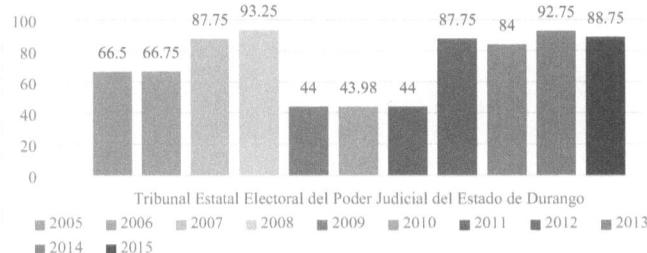

Gráfico 53 (fuente: Elaboración Propia con datos oficiales de las verificaciones IDAIP)

2.9.5 Calificaciones en materia de transparencia de Escuelas y Universidades del estado de Durango de 2005 a 2015

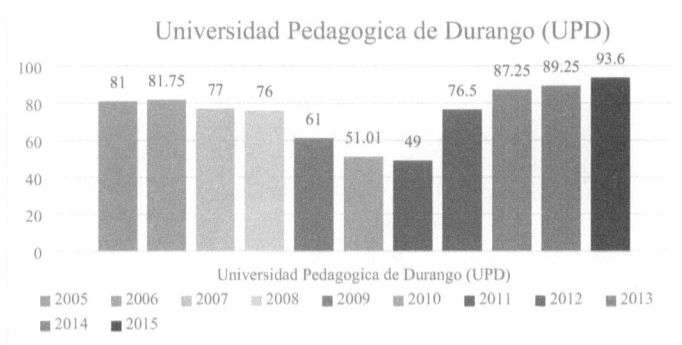

Gráfico 54 (fuente: Elaboración Propia con datos oficiales de las verificaciones IDAIP)

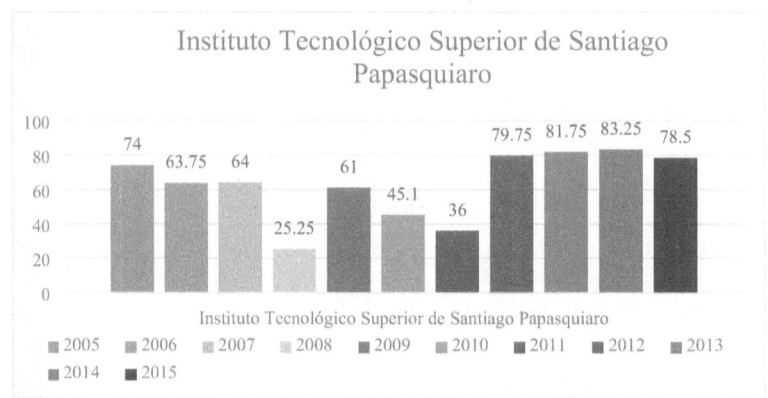

Gráfico 55 (fuente: Elaboración Propia con datos oficiales de las verificaciones IDAIP)

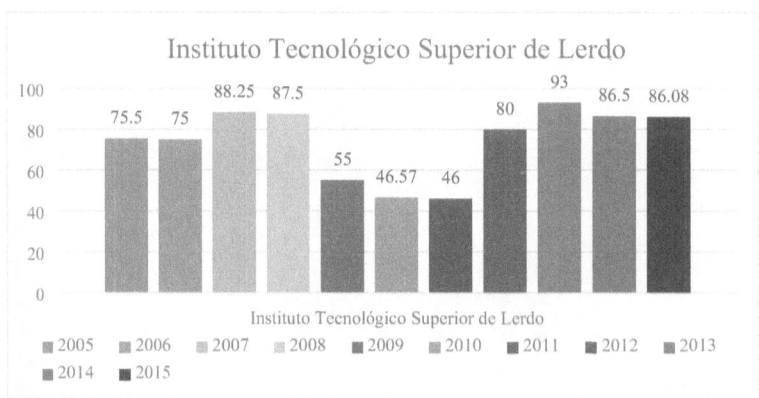

Gráfico 56 (fuente: Elaboración Propia con datos oficiales de las verificaciones IDAIP)

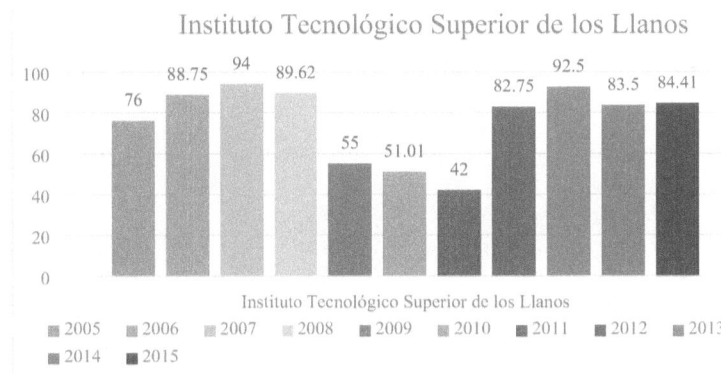

Gráfico 57 (fuente: Elaboración Propia con datos oficiales de las verificaciones IDAIP)

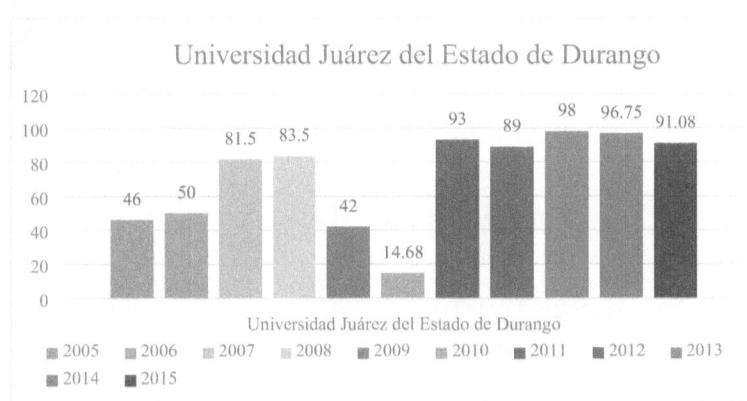

Gráfico 58 (fuente: Elaboración Propia con datos oficiales de las verificaciones IDAIP)

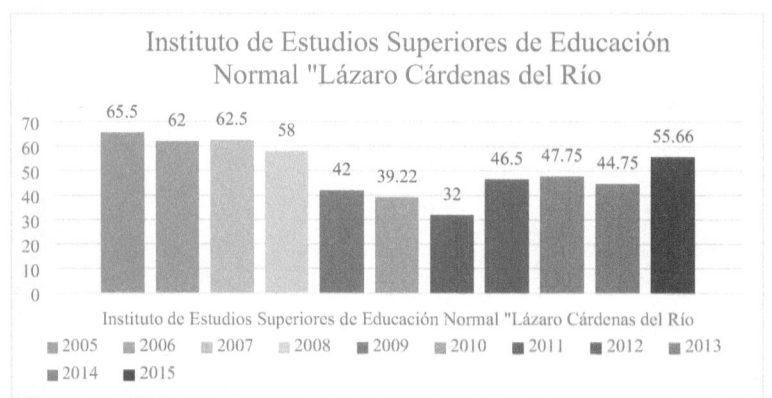

Gráfico 59 (fuente: Elaboración Propia con datos oficiales de las verificaciones IDAIP)

Gráfico 60 (fuente: Elaboración Propia con datos oficiales de las verificaciones IDAIP)

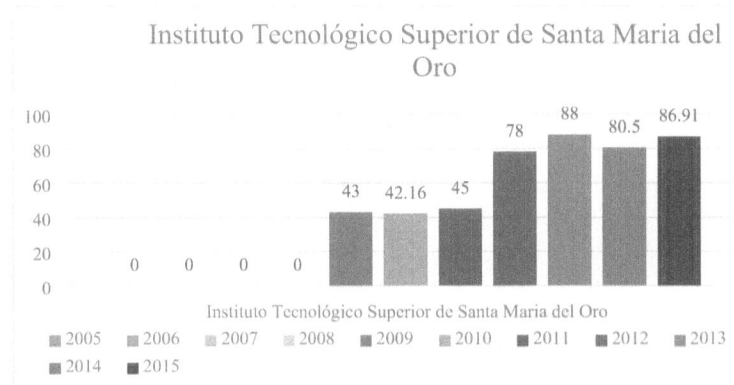

Gráfico 61 (fuente: Elaboración Propia con datos oficiales de las verificaciones IDAIP)

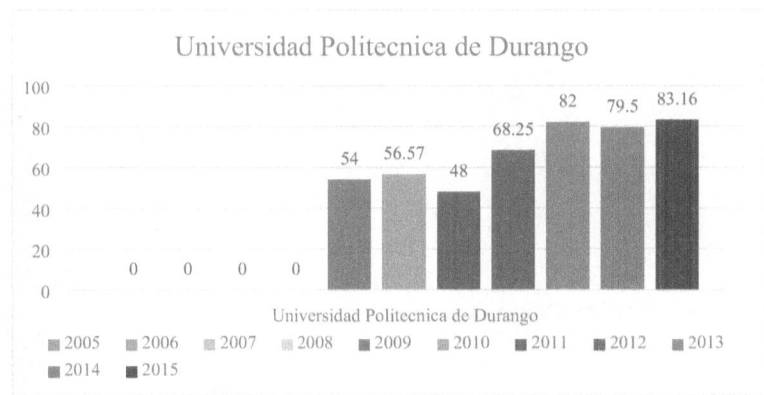

Gráfico 62 (fuente: Elaboración Propia con datos oficiales de las verificaciones IDAIP)

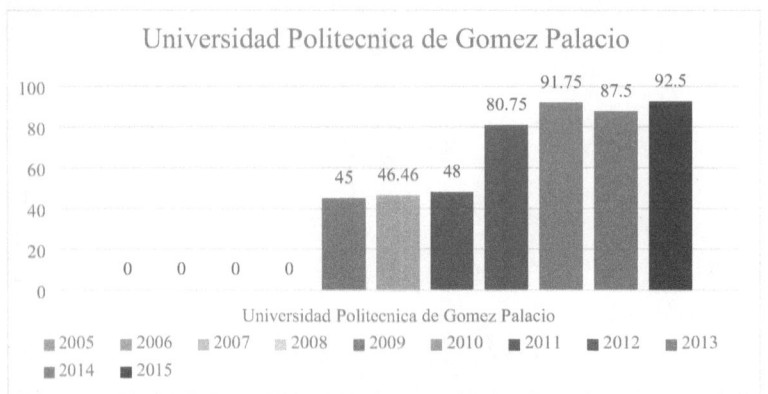

Gráfico 63 (fuente: Elaboración Propia con datos oficiales de las verificaciones IDAIP)

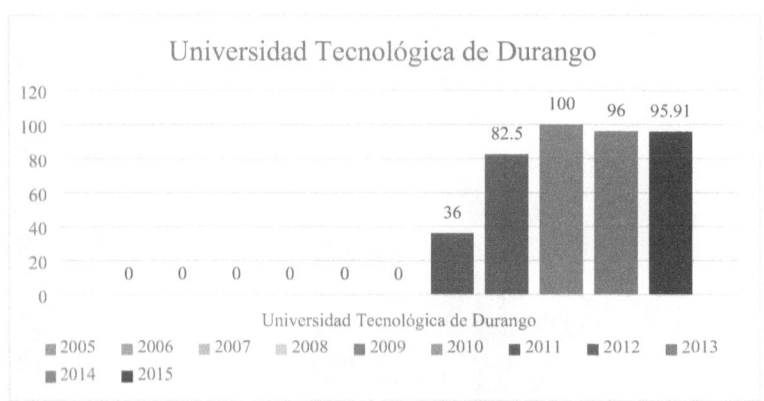

Gráfico 64 (fuente: Elaboración Propia con datos oficiales de las verificaciones IDAIP)

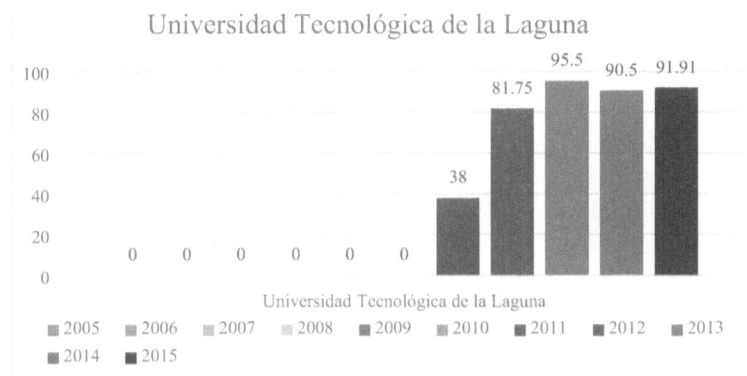

Gráfico 65 (fuente: Elaboración Propia con datos oficiales de las verificaciones IDAIP)

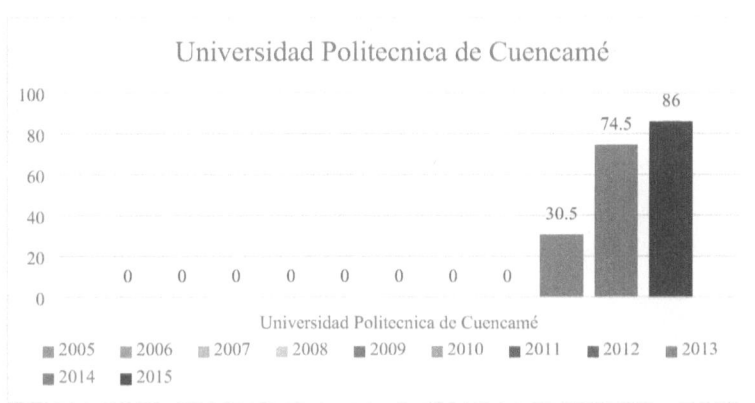

Gráfico 66 (fuente: Elaboración Propia con datos oficiales de las verificaciones IDAIP)

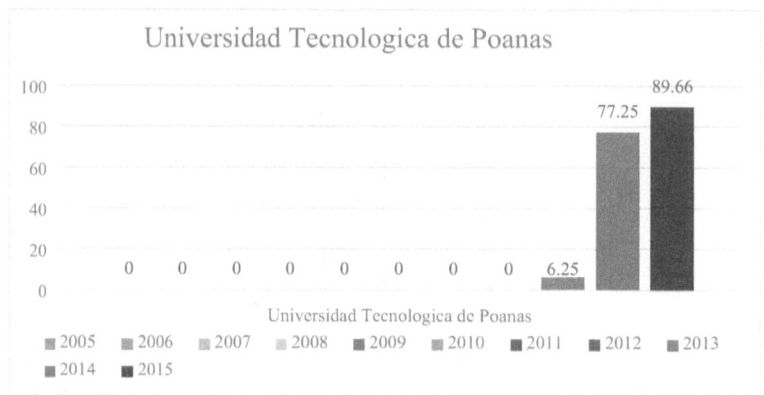

Gráfico 67 (fuente: Elaboración Propia con datos oficiales de las verificaciones IDAIP)

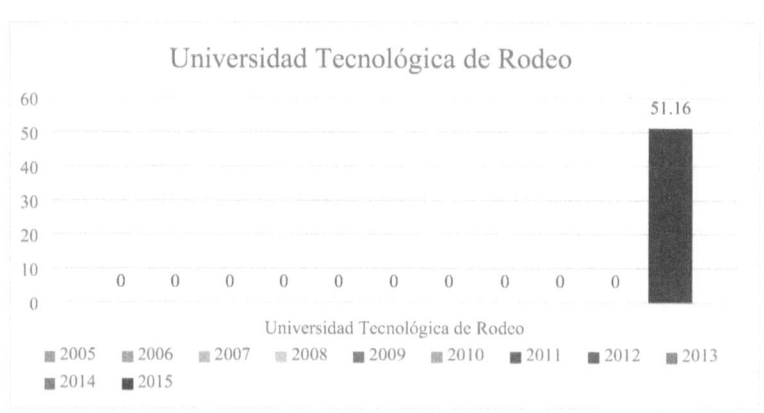

Gráfico 68 (fuente: Elaboración Propia con datos oficiales de las verificaciones IDAIP)

Gráfico 69 (fuente: Elaboración Propia con datos oficiales de las verificaciones IDAIP)

El Instituto Tecnológico Superior de Santa María del Oro, Universidad Politécnico de Durango, Universidad Politécnica de Gómez Palacio iniciaron sus labores en el año 2009, la Universidad Tecnológica de Durango, Universidad Tecnológica de la Laguna iniciaron en el año 2011, así mismo, la universidad Tecnológica de Rodeo inicio en el año 2015, por su parte la Benemérita y Centenaria Escuela Normal en el año 2015 paso a manos del gobierno Estatal, siendo en años anteriores del orden federal.

2.9.6 Calificaciones en materia de transparencia de los Municipios y Órganos desconcentrados municipales del estado de Durango de 2005 a 2015

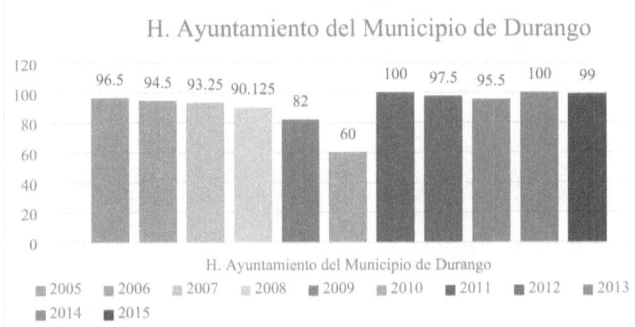

Gráfico 70 (fuente: Elaboración Propia con datos oficiales de las verificaciones IDAIP)

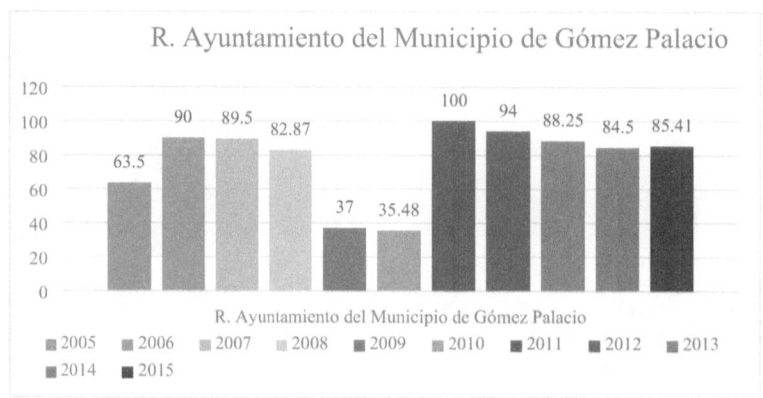

Gráfico 71 (fuente: Elaboración Propia con datos oficiales de las verificaciones IDAIP)

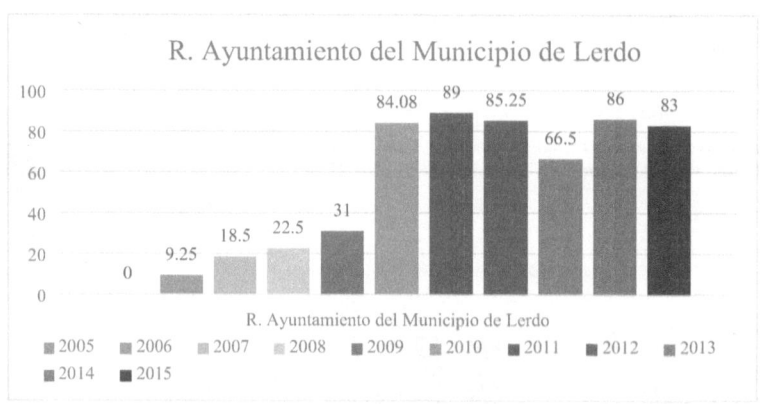

Gráfico 72 (fuente: Elaboración Propia con datos oficiales de las verificaciones IDAIP)

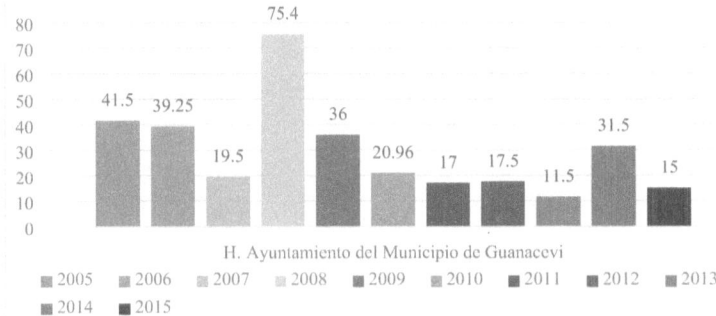

Gráfico 73 (fuente: Elaboración Propia con datos oficiales de las verificaciones IDAIP)

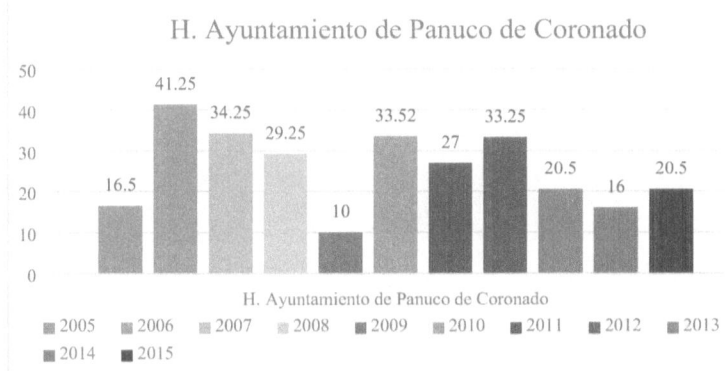

Gráfico 74 (fuente: Elaboración Propia con datos oficiales de las verificaciones IDAIP)

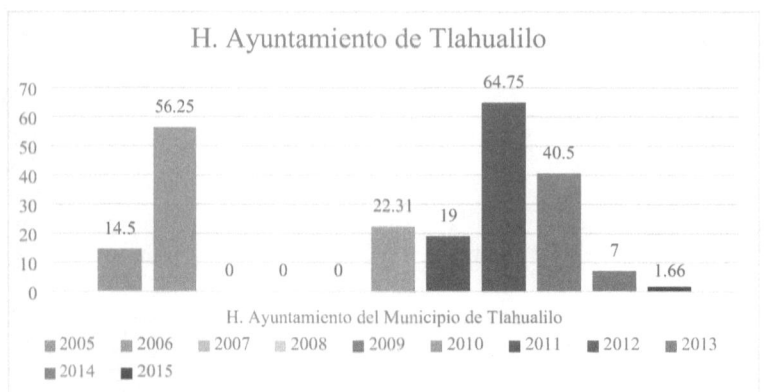

Gráfico 75 (fuente: Elaboración Propia con datos oficiales de las verificaciones IDAIP)

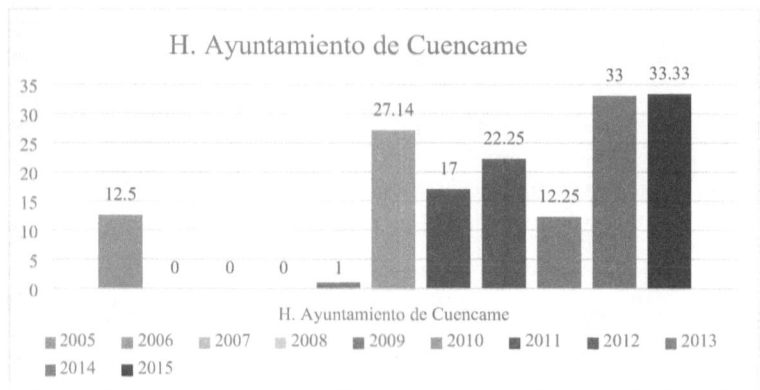

Gráfico 76 (fuente: Elaboración Propia con datos oficiales de las verificaciones IDAIP)

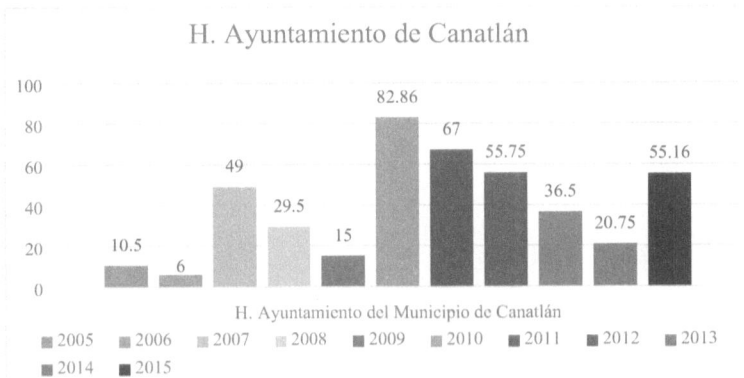

Gráfico 77 (fuente: Elaboración Propia con datos oficiales de las verificaciones IDAIP)

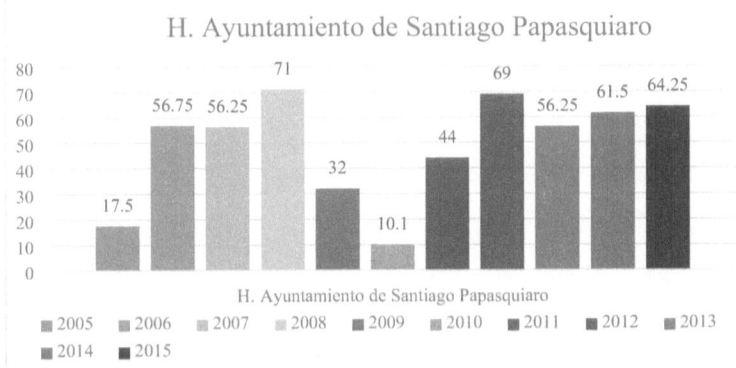

Gráfico 78 (fuente: Elaboración Propia con datos oficiales de las verificaciones IDAIP)

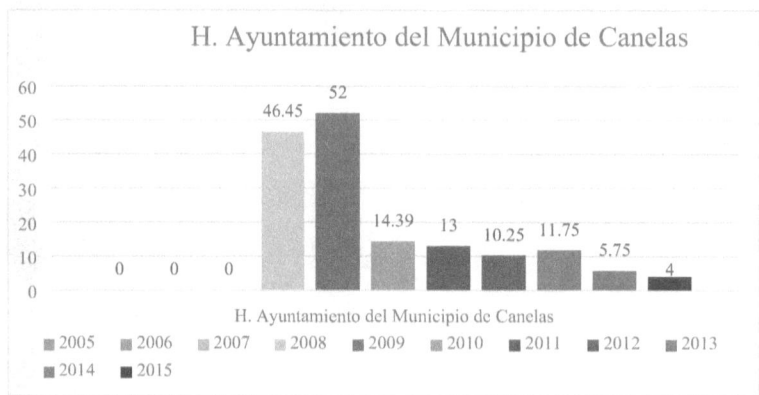

Gráfico 79 (fuente: Elaboración Propia con datos oficiales de las verificaciones IDAIP)

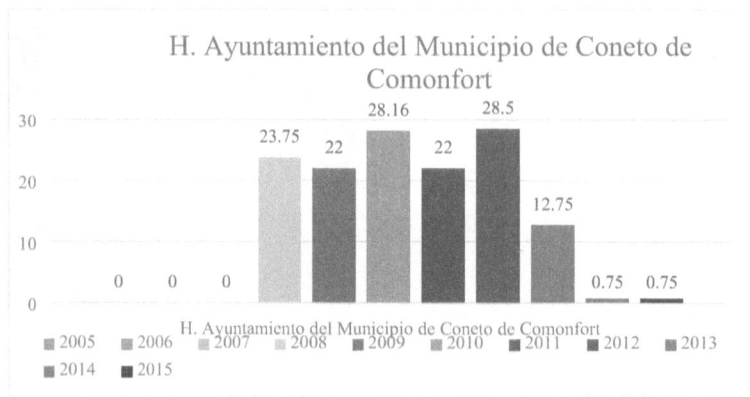

Gráfico 80 (fuente: Elaboración Propia con datos oficiales de las verificaciones IDAIP)

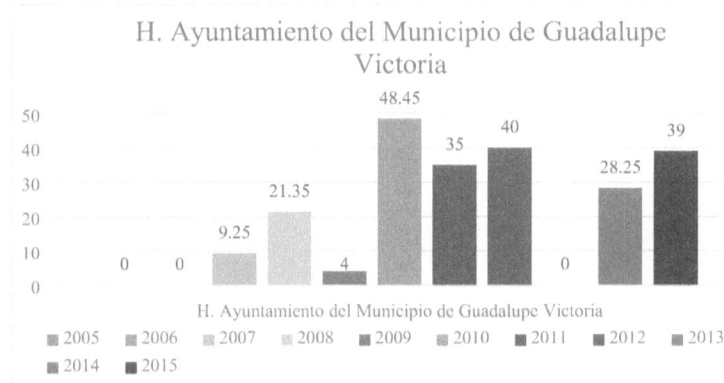

Gráfico 81 (fuente: Elaboración Propia con datos oficiales de las verificaciones IDAIP)

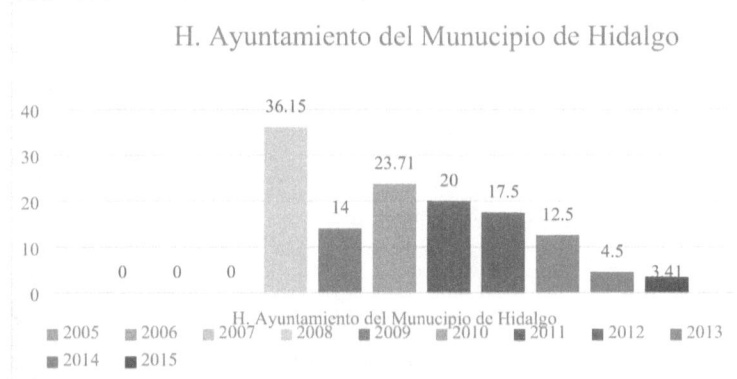

Gráfico 82 (fuente: Elaboración Propia con datos oficiales de las verificaciones IDAIP)

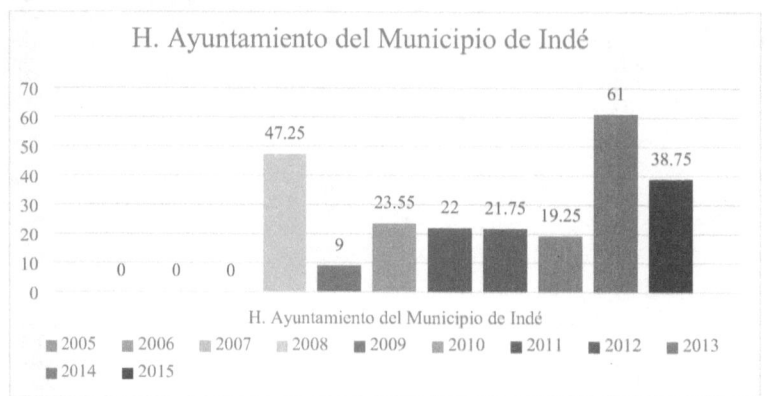

Gráfico 83 (fuente: Elaboración Propia con datos oficiales de las verificaciones IDAIP)

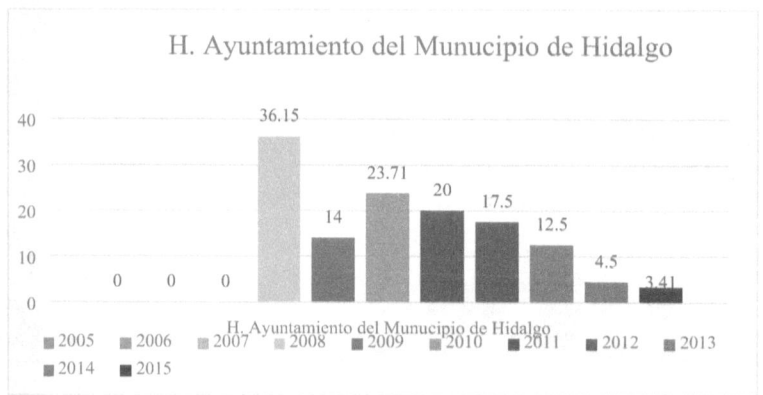

Gráfico 84 (fuente: Elaboración Propia con datos oficiales de las verificaciones IDAIP)

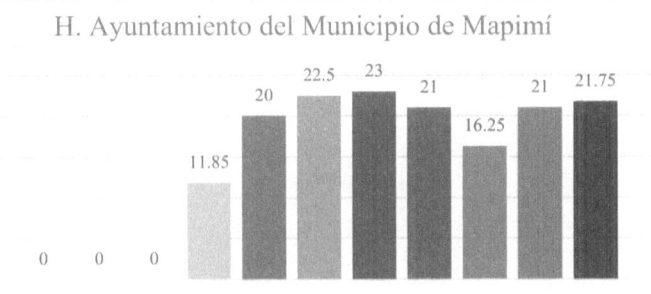

Gráfico 85 (fuente: Elaboración Propia con datos oficiales de las verificaciones IDAIP)

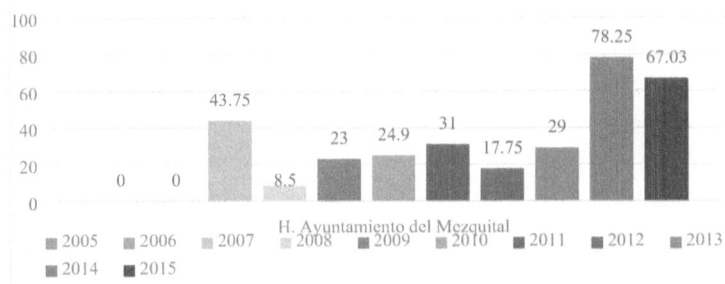

Gráfico 86 (fuente: Elaboración Propia con datos oficiales de las verificaciones IDAIP)

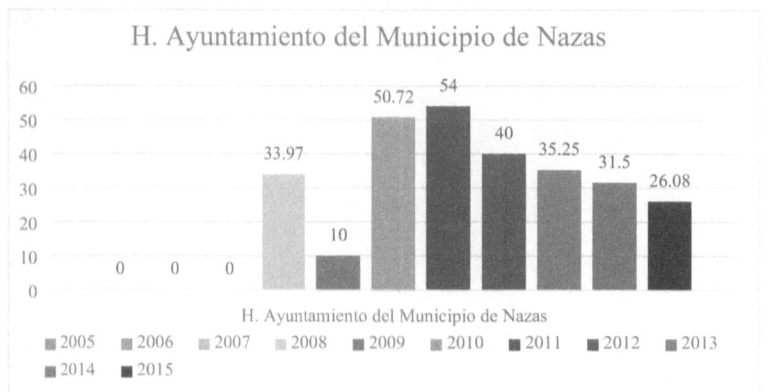

Gráfico 87 (fuente: Elaboración Propia con datos oficiales de las verificaciones IDAIP)

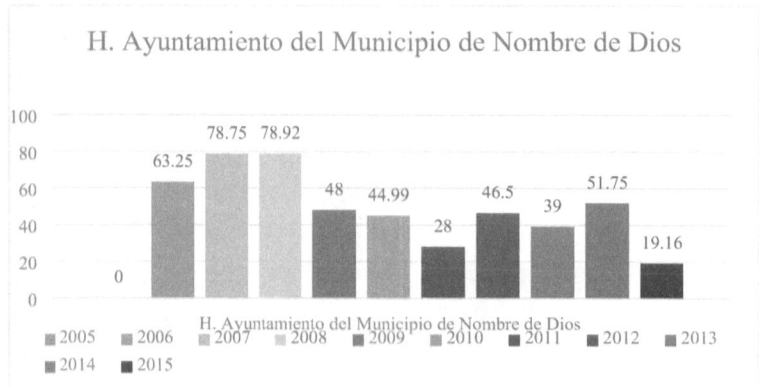

Gráfico 88 (fuente: Elaboración Propia con datos oficiales de las verificaciones IDAIP)

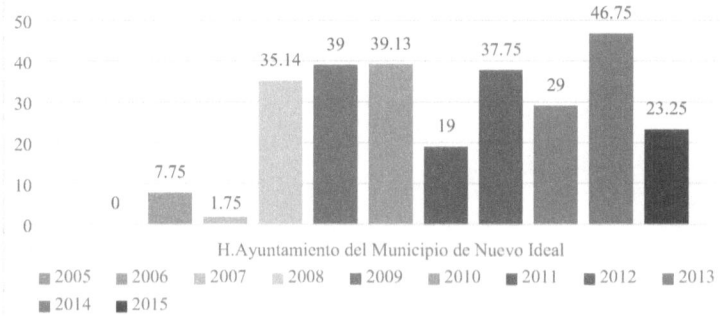

Gráfico 89 (fuente: Elaboración Propia con datos oficiales de las verificaciones IDAIP)

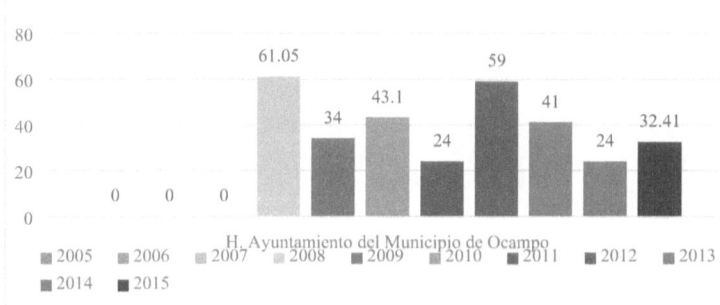

Gráfico 90 (fuente: Elaboración Propia con datos oficiales de las verificaciones IDAIP)

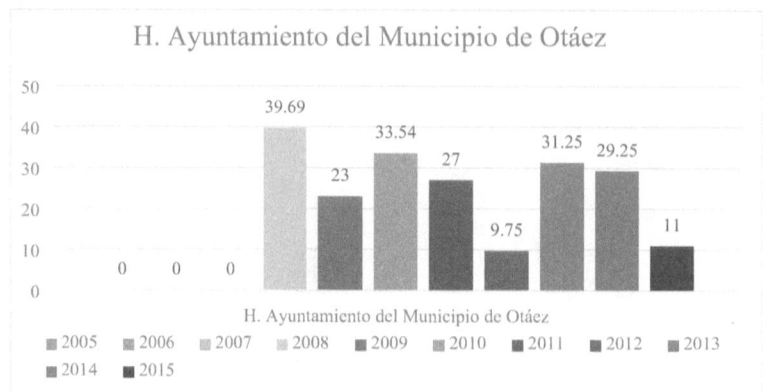

Gráfico 91 (fuente: Elaboración Propia con datos oficiales de las verificaciones IDAIP)

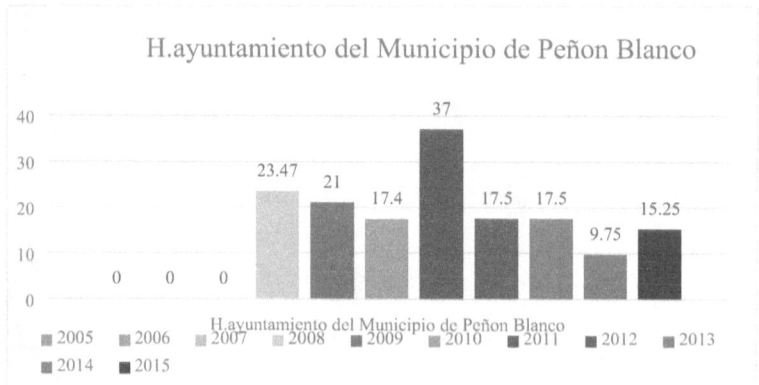

Gráfico 92 (fuente: Elaboración Propia con datos oficiales de las verificaciones IDAIP)

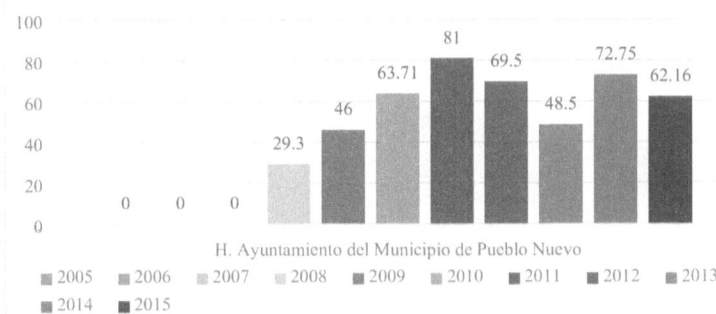

Gráfico 93 (fuente: Elaboración Propia con datos oficiales de las verificaciones IDAIP)

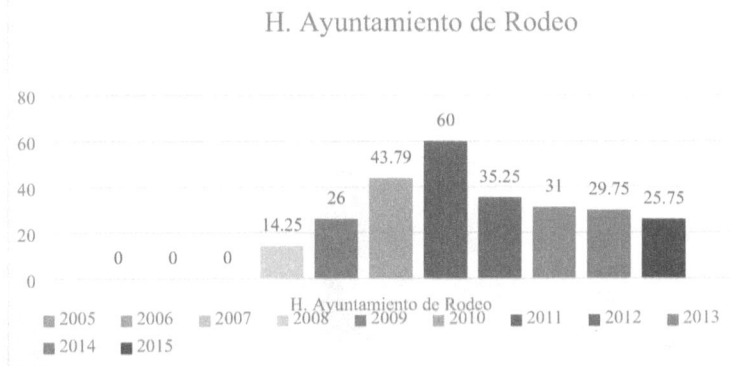

Gráfico 94 (fuente: Elaboración Propia con datos oficiales de las verificaciones IDAIP)

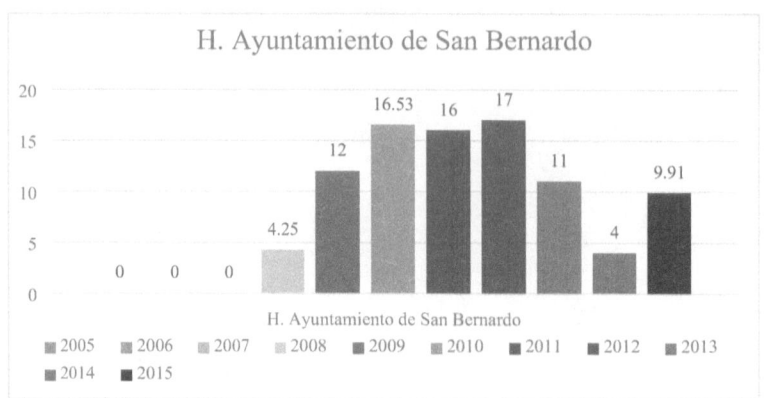

Gráfico 95 (fuente: Elaboración Propia con datos oficiales de las verificaciones IDAIP)

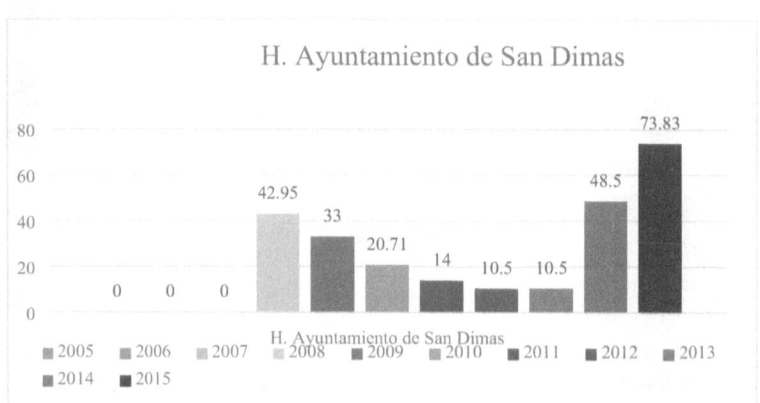

Gráfico 96 (fuente: Elaboración Propia con datos oficiales de las verificaciones IDAIP)

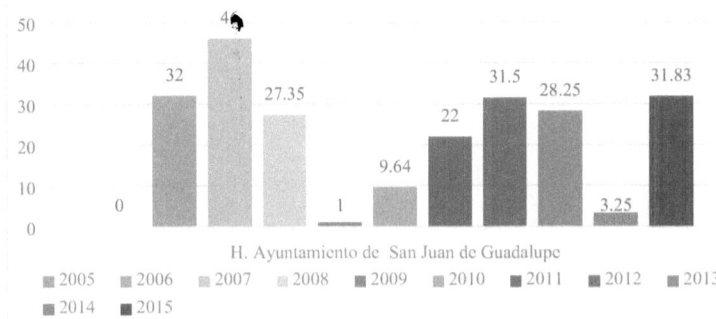

Gráfico 97 (fuente: Elaboración Propia con datos oficiales de las verificaciones IDAIP)

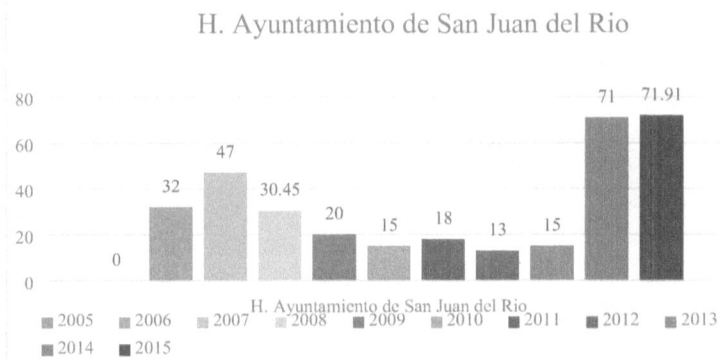

Gráfico 98 (fuente: Elaboración Propia con datos oficiales de las verificaciones IDAIP)

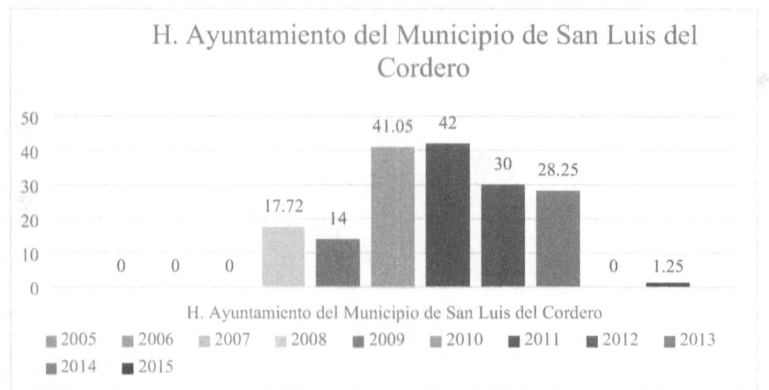

Gráfico 99 (fuente: Elaboración Propia con datos oficiales de las verificaciones IDAIP)

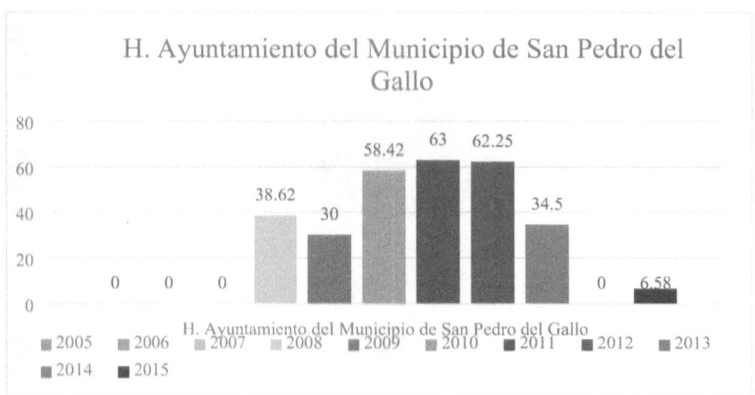

Gráfico 100 (fuente: Elaboración Propia con datos oficiales de las verificaciones IDAIP)

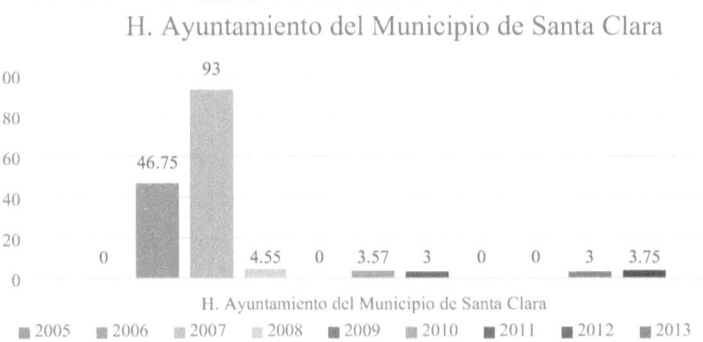

Gráfico 101 (fuente: Elaboración Propia con datos oficiales de las verificaciones IDAIP)

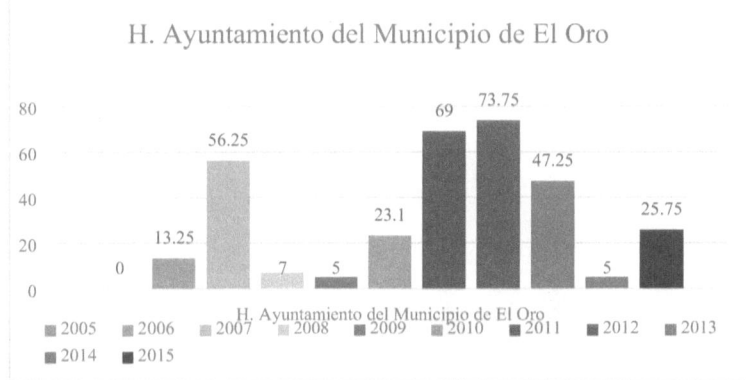

Gráfico 102 (fuente: Elaboración Propia con datos oficiales de las verificaciones IDAIP)

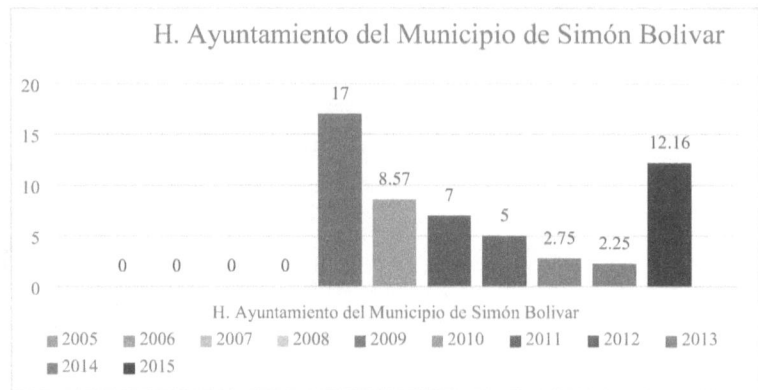

Gráfico 103 (fuente: Elaboración Propia con datos oficiales de las verificaciones IDAIP)

Gráfico 104 (fuente: Elaboración Propia con datos oficiales de las verificaciones IDAIP)

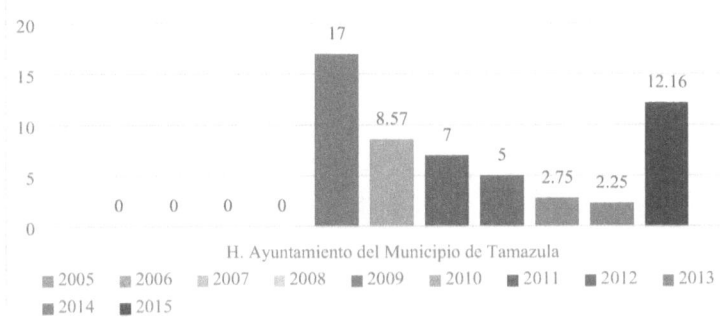

Gráfico 105 (fuente: Elaboración Propia con datos oficiales de las verificaciones IDAIP)

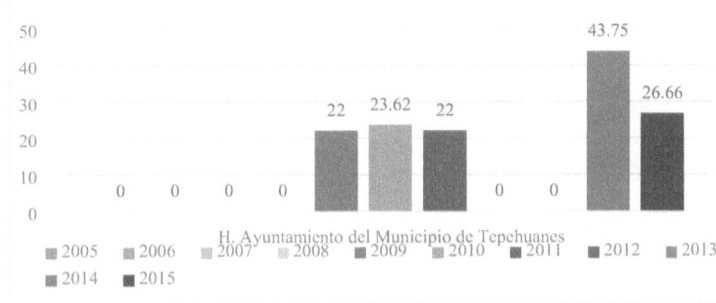

Gráfico 106 (fuente: Elaboración Propia con datos oficiales de las verificaciones IDAIP)

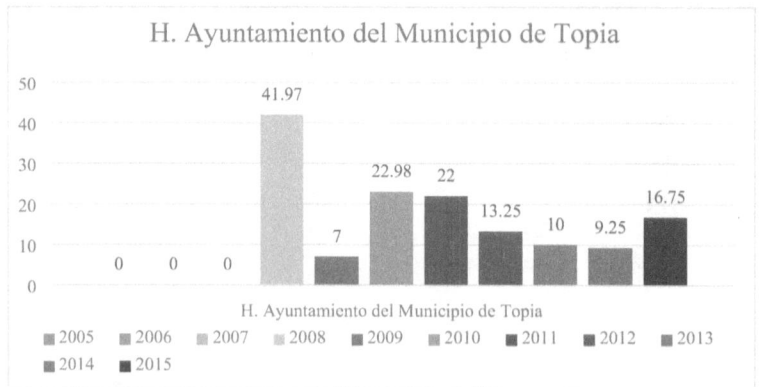

Gráfico 107 (fuente: Elaboración Propia con datos oficiales de las verificaciones IDAIP)

Gráfico 108 (fuente: Elaboración Propia con datos oficiales de las verificaciones IDAIP)

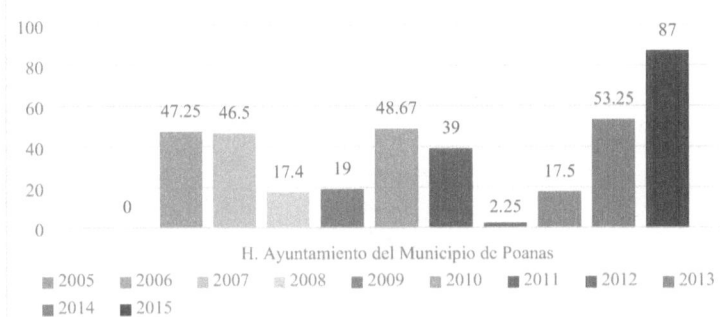

Gráfico 109 (fuente: Elaboración Propia con datos oficiales de las verificaciones IDAIP)

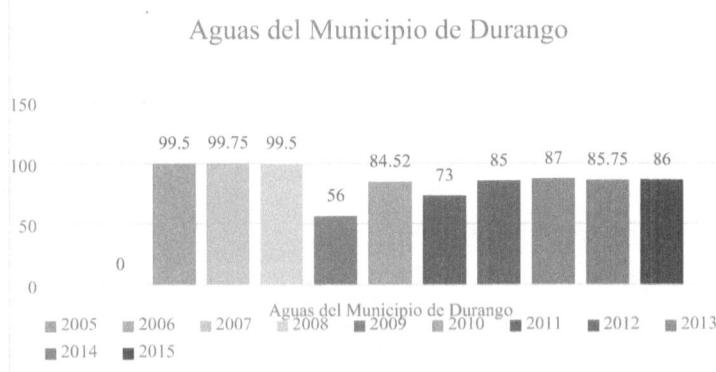

Gráfico 110 (fuente: Elaboración Propia con datos oficiales de las verificaciones IDAIP)

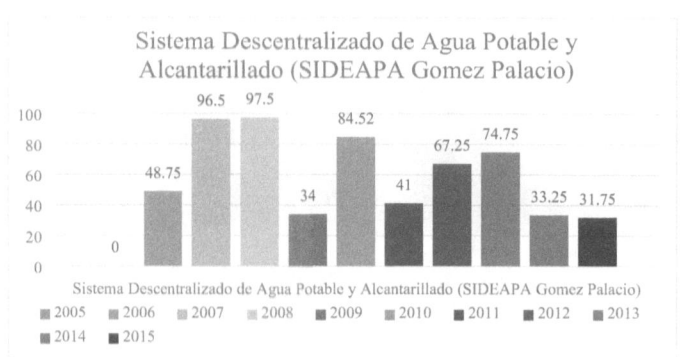

Gráfico 111 (fuente: Elaboración Propia con datos oficiales de las verificaciones IDAIP)

2.9.7 Calificaciones en materia de transparencia de los Partidos Políticos del estado de Durango de 2005 a 2015

Gráfico 112 (fuente: Elaboración Propia con datos oficiales de las verificaciones IDAIP)

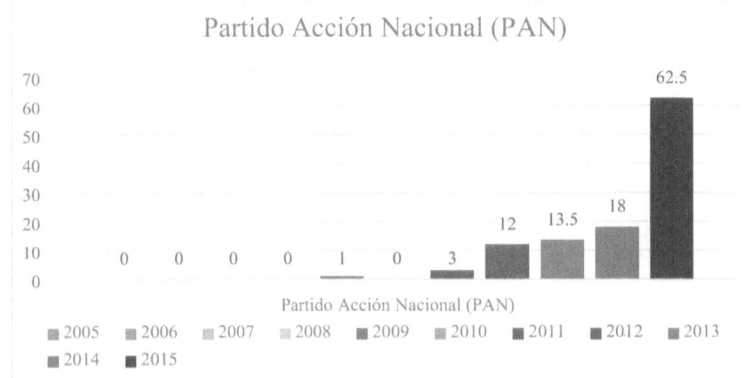

Gráfico 113 (fuente: Elaboración Propia con datos oficiales de las verificaciones IDAIP)

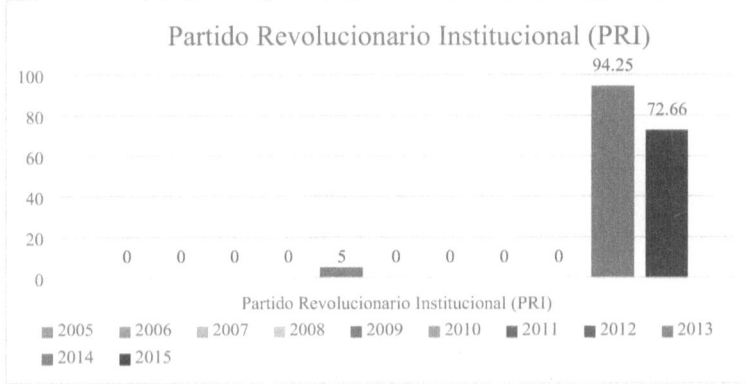

Gráfico 112 (fuente: Elaboración Propia con datos oficiales de las verificaciones IDAIP)

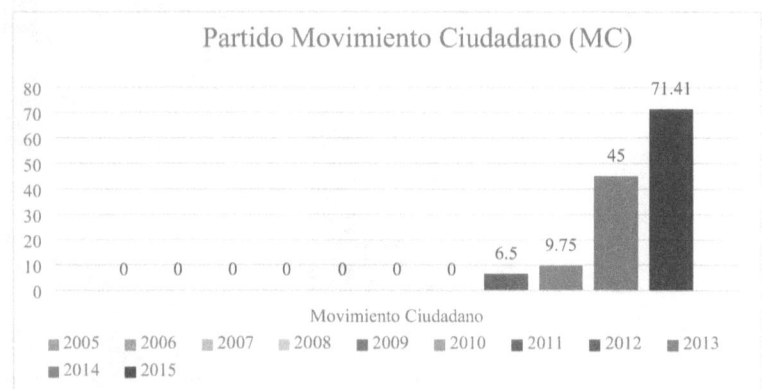

Gráfico 113 (fuente: Elaboración Propia con datos oficiales de las verificaciones IDAIP)

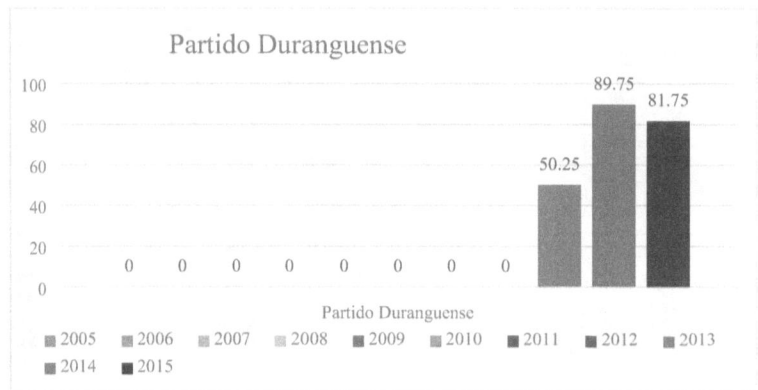

Gráfico 114 (fuente: Elaboración Propia con datos oficiales de las verificaciones IDAIP)

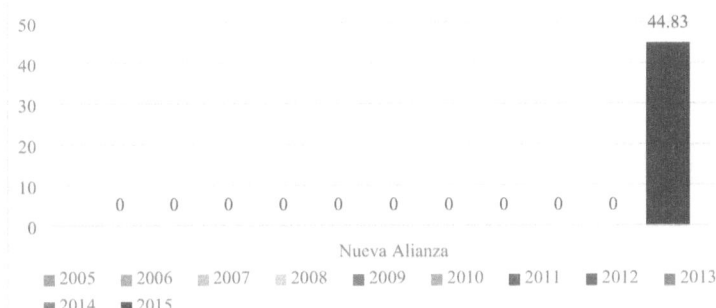

Gráfico 115 (fuente: Elaboración Propia con datos oficiales de las verificaciones IDAIP)

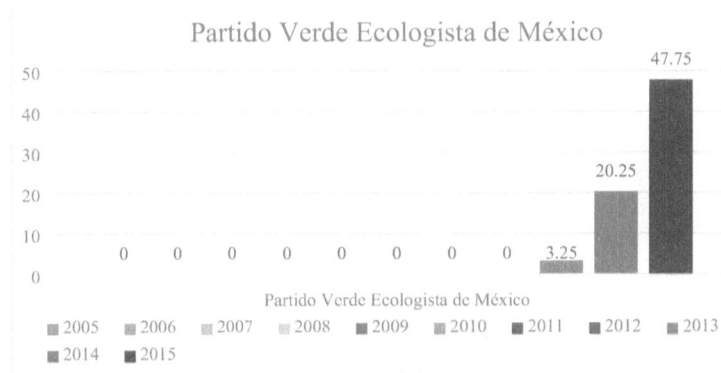

Gráfico 116 (fuente: Elaboración Propia con datos oficiales de las verificaciones IDAIP)

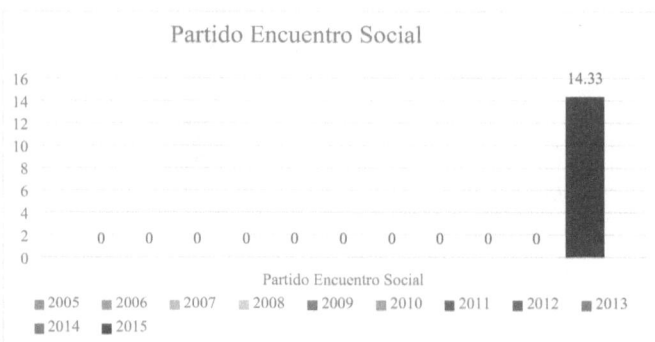

Gráfico 117 (fuente: Elaboración Propia con datos oficiales de las verificaciones IDAIP)

En un periodo de 10 años de implementación de la ley de Transparencia y Acceso a la Información Pública el Partido de la Revolución Democrática, el Partido del Trabajo han obtenido la calificación de cero en todos los años, donde no cuentan ni con un portal de internet donde publicar su apartado de transparencia. En el año 2015 se añadieron tres nuevos partidos donde el Partido Humanista obtuvo cero y perdió su registro en el mismo año, y el Partido Movimiento Regeneración Nacional (MORENA) tiene cero, el Partido Humanista en 2015 obtuvo 14.33 del 100 que es el total de la calificación.

En el mismo periodo de 2005 a 2015, en índice de reprobación es de 67 sujetos obligados que tienen calificación menor a 60, 51 sujetos obligados obtuvieron entre 60 y 79 de calificación, 5 calificados entre 80 y 99 y 0 tienen promedio de 100. Ver gráfico 118.

Sujetos Obligados con calificaciones del 2005 al 2015 en rangos

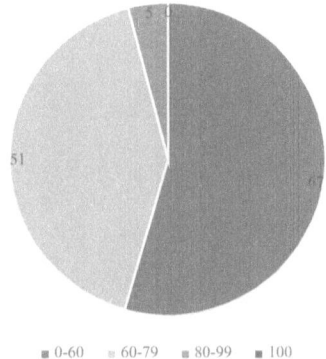

■ 0-60   ■ 60-79   ■ 80-99   ■ 100

Gráfico 118 (fuente: Elaboración Propia con datos oficiales de las verificaciones IDAIP)

Las solicitudes de información han ido creciendo a lo largo de 11 años, en el primer año de inicio de la ley de Transparencia y Acceso a la Información Pública se hicieron 55 solicitudes, llegando a 3,450 en el 2015, donde ha ido cambiando la manera de solicitar información. De 2004 a Agosto de 2009 la manera de solicitar información era de manera personal y el solicitante se tenía que identificar y hacer expreso el fin por el cual solicitaba la información, lo que impedía un real acceso a este derecho. En julio de 2009 se establece el sistema Electrónico denominado INFOMEX lo que incrementó notablemente las solicitudes, y el solicitante ya no tenía que identificarse.

Gráfico 119 (fuente: solicitud e información al IDAIP)

2.10 Solicitudes que se negó información argumentando datos personales o información reservada de 2005 – 2015

También las solicitudes de información se pueden prestar a la opacidad ya que algunos sujetos obligados recurren. Las solicitudes de información se ha convertido en la manera más directa de conocer una información en especial, en un lapso de 11 años ha crecido el uso de este derecho.

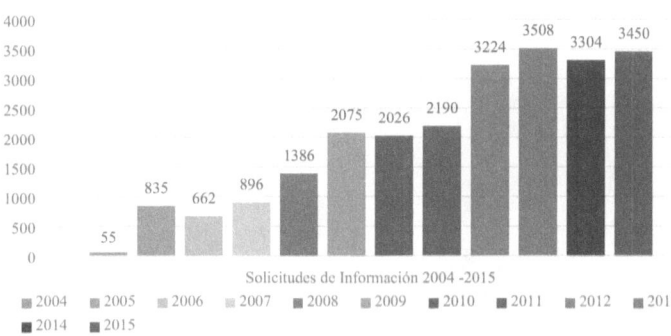

Gráfico 120 (fuente: solicitud e información al IDAIP)

Las respuestas por parte de los sujetos obligados argumentando protección de datos personales han sido mínimas en comparación al número de solicitudes antes mencionadas en el lapso de 2005 a 2015 han sido 26 solicitudes que se respondieron de esta manera. De la misma manera, las solicitudes donde no se proporcionó la información argumentando información reservada fueron 104 en el mismo periodo de 2005 a 2015.

Sujetos Obligados que denegaron la información argumentando protección de datos personales.	2005	2006	2007	2008	2009	2010	2011	2012	2013	2014	2015
Comisión Estatal de Derechos Humanos	0	0	0	0	0	0	0	0	0	0	1
H. Ayuntamiento del Municipio de Durango	1	0	0	0	0	0	0	0	0	0	0
Instituto Estatal Electoral	2	0	0	0	0	0	0	0	0	0	0
Poder Ejecutivo	0	0	0	0	0	0	0	0	0	9	4
R. Ayuntamiento del Municipio de Gómez Palacio	0	3	0	0	0	0	2	0	0	0	0
R. Ayuntamiento del Municipio de Lerdo	0	0	0	0	0	0	1	0	0	0	0
Universidad Juárez del Estado de Durango	0	0	0	0	0	0	2	0	0	0	0

Tabla 2 (fuente: Solicitud de información del IDAIP)

Sujetos Obligados que denegaron la información argumentando información reservada.	2005	2006	2007	2008	2009	2010	2011	2012	2013	2014	2015
Tribunal Superior de Justicia	1	0	0	0	0	0	0	0	0	0	0
H. Ayuntamiento del Municipio de Durango	5	0	0	2	3	0	0	0	0	0	0
Instituto Estatal Electoral	0	0	0	2	1	0	0	0	0	0	0
Poder Ejecutivo	0	1	0	6	0	4	4	0	1	24	36
R. Ayuntamiento del Municipio de Gómez Palacio	0	0	0	7	0	0	0	0	0	0	0
R. Ayuntamiento del Municipio de Lerdo	0	0	0	0	1	0	0	0	0	0	0
Universidad Juárez del Estado de Durango	0	0	0	0	0	0	6	0	0	0	0

Tabla 3 (fuente: Solicitud de información del IDAIP)

CAPÍTULO III: MARCO TEÓRICO METODOLÓGICO

3.1. DISEÑO DE INVESTIGACIÓN

Población objetivo.- Hombres y mujeres entre 18 y 65 años o más, residentes del Estado de Durango.

• Metodología de campo.- Entrevistas personales cara a cara en vivienda mediante un cuestionario previamente codificado.

• La selección del informante adecuado se realizó en tres etapas:

1) Sección electoral, se ubicaron las 82 secciones electorales del estado de Durango con base a la cartografía vigente del INEGI y del INE;

2) Manzanas, se seleccionaron dos manzanas por sección; y,

3) Viviendas, se realizaron 5 entrevistas por manzana considerando el informante adecuado y una estratificación por edad y sexo conforme a la estructura poblacional que arroja el CENSO INEGI 2010 para Durango.

- Tamaño de la muestra.- Un total de 815 entrevistas efectivas con una tasa de rechazo de 57% en el primer intento.

- El número de habitantes a entrevistar.- El número de habitantes a entrevistar está distribuido de manera proporcional a la estructura poblacional del Estado de Durango en 13 municipios de la Entidad, con base al Censo INEGI 2010 y a la siguiente fórmula:

$$n = \frac{N * Z_\alpha^2 p * q}{d^2 * (N-1) + Z_\alpha^2 * p * q}$$

Dónde:

N = 1'632,934 habitantes en el estado de Durango (Censo INEGI 2010)

Za2 = (1.96)2, con un nivel de confianza del 95%

p = proporción esperada (5% = 0.05)

q = 1 – p (en este caso 1-0.05 = 0.95)

d2 = precisión (1.5%)

- Diseño de la muestra.- El método de selección de la muestra es Probabilístico Proporcional al Tamaño de la Población del Estado de Durango (Censo 2010).

- Fecha de levantamiento.- Del 05 al 10 de noviembre de 2015. En el proceso participaron 25 encuestadores y 5 supervisores de campo; 2 analistas de gabinete, 5 capturistas y un coordinador general. Un total de 38 personas.

- Error estimado.- De ±1.5%, con un nivel de confianza del 95% en todos los indicadores.
- Análisis de datos.- SPSS, Excel, PowerPoint y Tablea.

Metodología:

- Distribución muestral.- La distribución de encuestas se efectuó con base a la siguiente tabla:

Num municipio	Entidad/Municipio	Total habitantes	Porcentaje estatal	Muestra GD Innovaciones (15 sep 15)	Porcentaje muestra
10	Total Estado	1,632,934	84%	815	100%
10 005	Durango	582,267	35.7%	350	42.9%
10 007	Gómez Palacio	327,985	20.1%	200	24.5%
10 012	Lerdo	141,043	8.6%	80	9.8%
10 023	Pueblo Nuevo	49,162	3.0%	25	3.1%
10 032	Santiago Papasquiaro	44,966	2.8%	25	3.1%
10 008	Guadalupe Victoria	34,052	2.1%	20	2.5%
10 004	Cuencamé	33,664	2.1%	20	2.5%
10 014	Mezquital	33,396	2.0%	20	2.5%
10 001	Canatlán	31,401	1.9%	15	1.8%
10 039	Nuevo Ideal	26,092	1.6%	15	1.8%
10 013	Mapimí	25,137	1.5%	15	1.8%
10 022	Poanas	24,918	1.5%	15	1.8%
10 038	Vicente Guerrero	21,117	1.3%	15	1.8%

FUENTE: Elaborado por GD Innovaciones y Consultoría, S.C. con base a datos del CENSO INEGI 2010 con estimaciones.
* Se propone encuestar 13 municipios que concentran el 84% de la población estatal.
* La muestra representativa proporcional es de 815 encuestas efectivas para cubrir el estado de Durango.
* Durango, Gómez y Lerdo concentran el 77.6% de la población a encuestar.
* En cada municipio se estima una sobre-muestra para fines de cobertura estadística.

Regiones.- Para el análisis regional se agruparon los municipios de la siguiente manera:

i. Región Durango: Municipio de Durango.
ii. Región Laguna: Municipios de Lerdo, Gómez Palacio y Mapimí.
iii. Resto Regiones: Pueblo Nuevo, Santiago Papasquiaro, Guadalupe Victoria, Cuencamé, Mezquital, Canatlán, Nuevo Ideal, Poanas y Vicente Guerrero.

Nivel de Ingresos.- Si bien el nivel socioeconómico se determina con la puntuación y metodología de la AMAI, para algunos análisis se hace una segmentación por Nivel de Ingreso, siendo las equivalencias las siguientes:

i. Nivel de Ingreso Alto: AB y C+ de la AMAI.
ii. Nivel de Ingreso Medio: C y C- de la AMAI.
iii. Nivel de Ingreso Bajo: D, D- y E de la AMAI.

3.2. Conocimiento de factores por los que los sujetos obligados no cumplen en totalidad con la información mínima de oficio.

Población objetivo.- Unidades de enlace de transparencia de los sujetos obligados del Estado de Durango.

● Metodología de campo.- Entrevistas personales cara a cara en cursos de capacitación y visitas a los municipios mediante un cuestionario previamente codificado.

● La selección del informante adecuado se realizó en tres etapas:

1) se ubicaron los 120 sujetos obligados del estado de Durango.

2) Manzanas, se seleccionaron dos manzanas por sección; y,

● Tamaño de la muestra.- Un total de 38 entrevistas efectivas con una tasa de rechazo de 5%

● El número de unidades de enlace.- El número de unidades de enlace a entrevistar está distribuido de manera aleatoria al total de sujetos obligados del Estado de Durango en 39 municipios de la Entidad.

$$n = \frac{N * Z_\alpha^2 p * q}{d^2 *(N-1) + Z_\alpha^2 * p * q}$$

Dónde:

N = 120 unidades de enlace en el estado de Durango

Za2 = (1.96)2, con un nivel de confianza del 95%

p = proporción esperada (5% = 0.05)

q = 1 – p (en este caso 1-0.05 = 0.95)

d2 = precisión (1.5%)

Metodología:

Cronograma del proceso de investigación

Mes	Feb	Mzo	Abr	May	Jun	Jul	Ago	Sep	Oct	Nov	Dic.
Elaboración del planteamiento del problema											
Recopilación bibliográfica											
Lectura material y elaboración de fichas											
Entrega del capítulo I: marco introductorio											
Elaboración del capítulo III: marco la metodología											
Elaboración, validación y aplicación de											

instrumentos										
Elaboración del capítulo II: marco teórico conceptual										
Elaboración Cáp. IV										
Elaboración Cáp. V										
Revisión de trabajo por el director de tesis										
Primera revisión y lectura										
Segunda revisión y lectura										
Corrección y redacción final										
Presentación Examen Profesional										

CAPÍTULO IV: RESULTADOS

Acceso a la Información Pública y Protección de Datos Personales (por estatus económico).

¿Has escuchado que cualquier persona tiene derecho de conocer información pública del gobierno estatal o municipal?

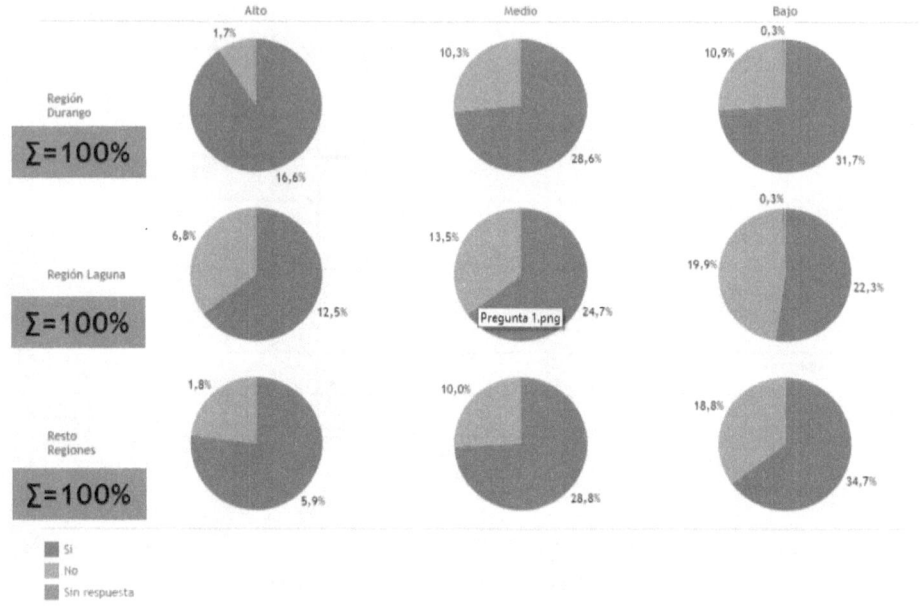

El acceso a la información pública permite: ¿Evitar y/o controlar la corrupción en los gobiernos?

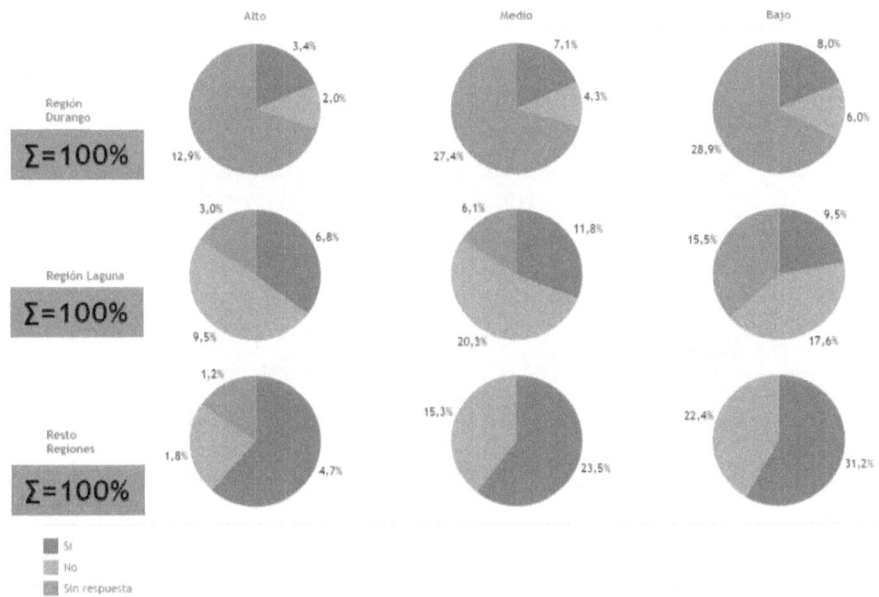

¿A usted le interesa informarse sobre lo que hacen los gobiernos estatales y los municipales?

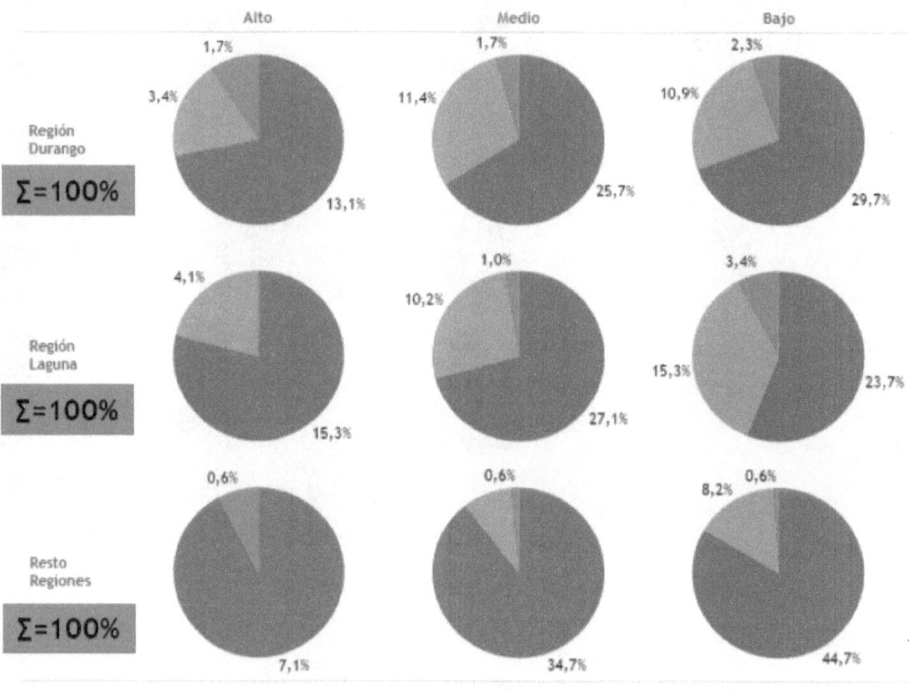

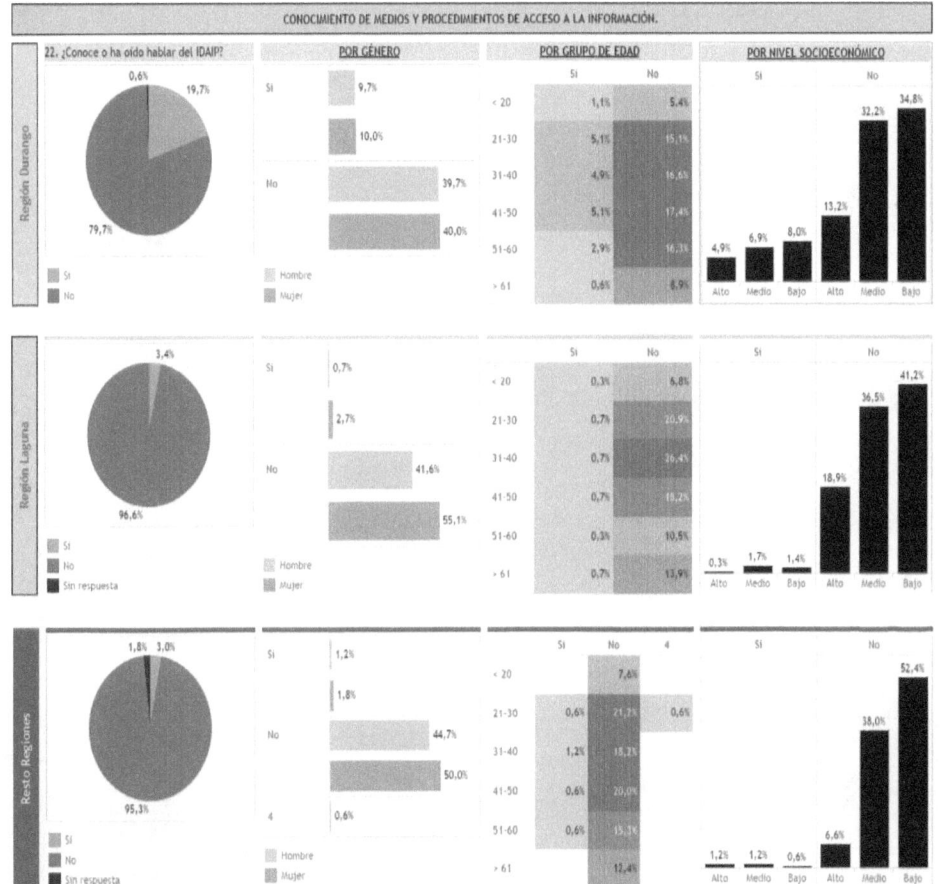

Prácticas de acceso a la información pública

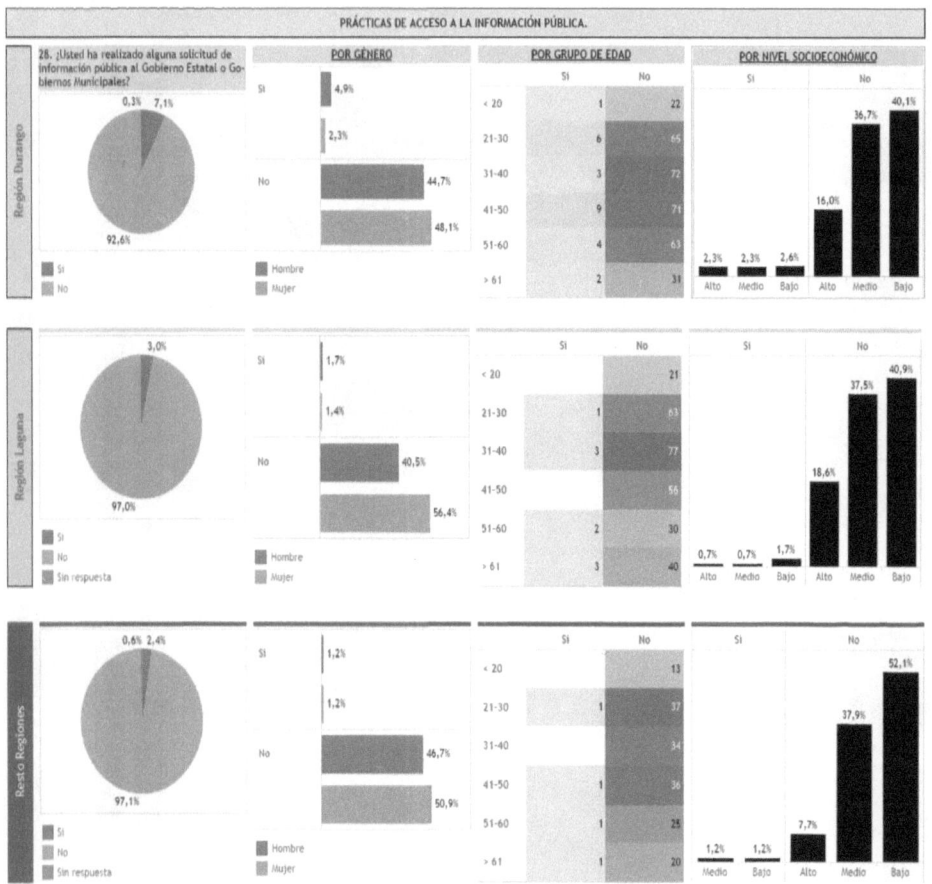

Sección I. Derecho a solicitar Información Pública y Protección de Datos Personales

1.- ¿Has escuchado que cualquier persona tiene derecho de conocer información pública del gobierno estatal o municipal?

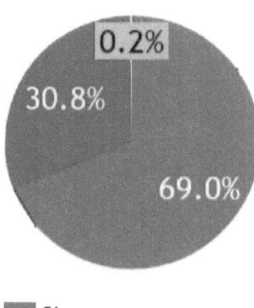

■ Si
■ No
■ Sin respuesta(S/R)

2.-Este derecho se llama "Derecho de Acceso a la Información Pública Gubernamental", ¿Sabía o había oído hablar usted de éste?

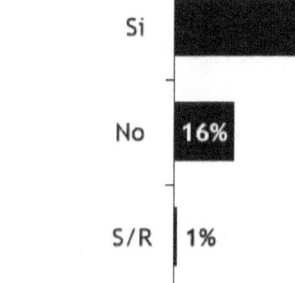

3.- ¿Sabía usted que existe una Ley de Transparencia y Acceso a la Información Pública para el estado de Durango para garantizar este derecho de acceso a la información pública?

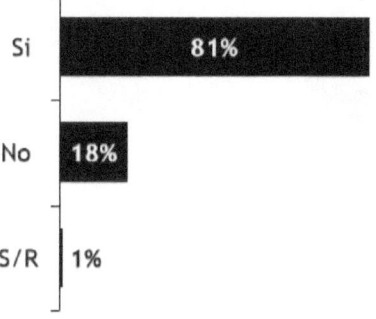

127

4.- Cree usted que poder consultar la Información Pública del Gobierno, permite…

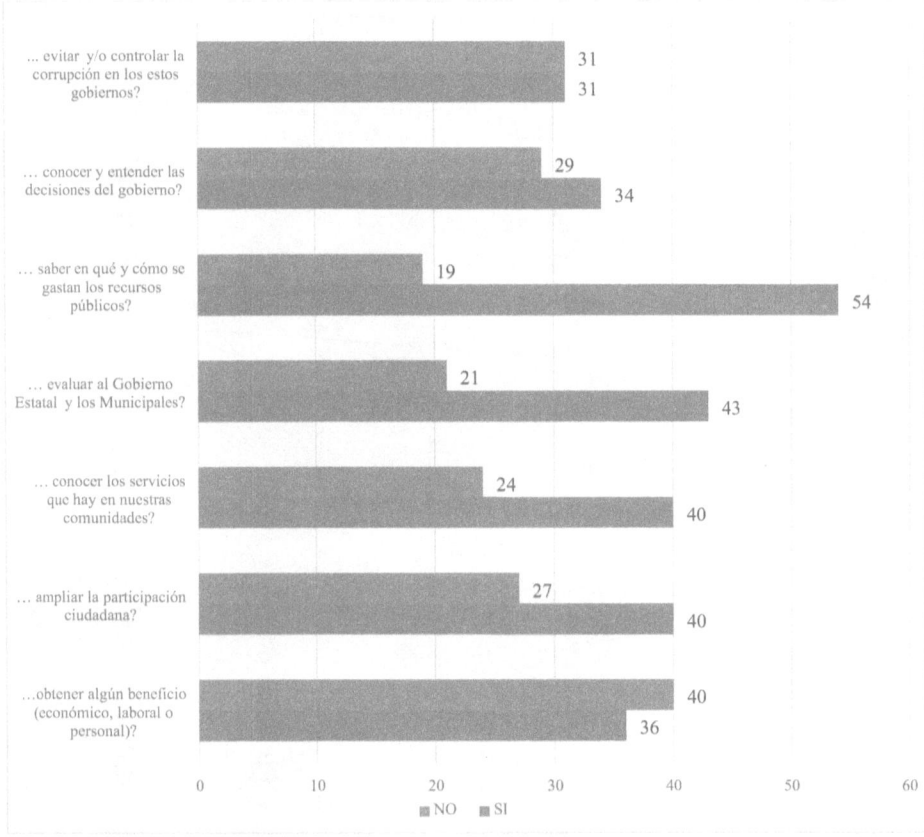

5. ¿Sabía usted que el Gobierno Estatal y los Municipales tienen la obligación de hacer pública la información sobre su desempeño y gestión?

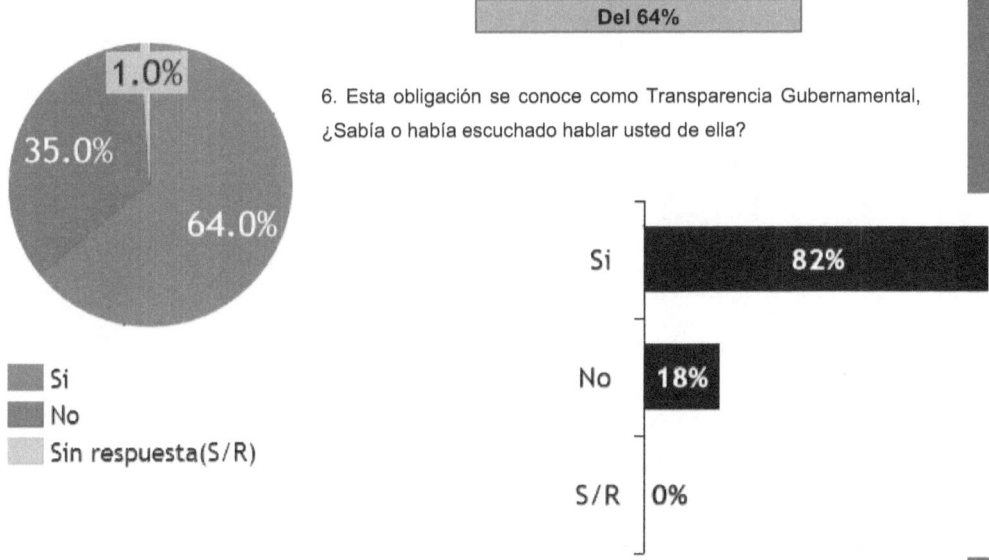

6. Esta obligación se conoce como Transparencia Gubernamental, ¿Sabía o había escuchado hablar usted de ella?

7. ¿Cree usted que el Derecho a la Información, ayuda a que los Gobiernos sean transparentes y menos corruptos?

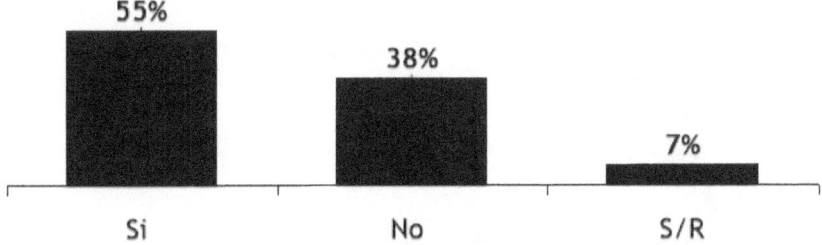

8.- ¿Qué tanto cree usted que el derecho a la información puede ayudar a que los gobiernos sean transparentes?

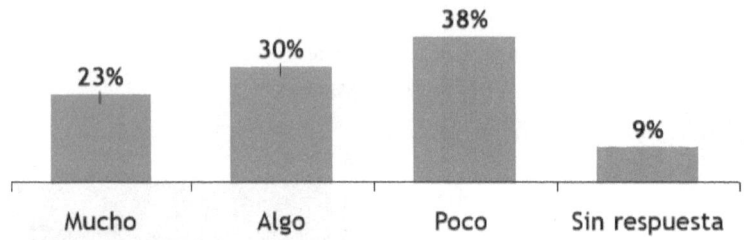

9. ¿Usted cree que los servidores públicos son transparentes en su desempeño?

10.- Dígame, ¿Qué tan transparentes cree usted que son los Servidores Públicos Estatales y Municipales?

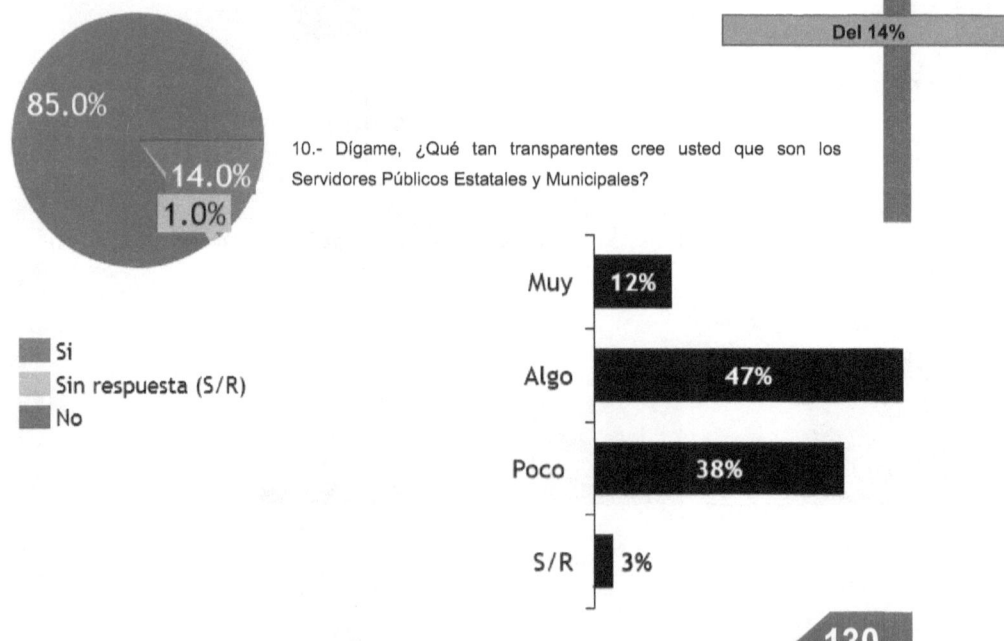

11.- ¿Ha escuchado que cualquier persona tiene derecho a que sus datos personales se manejen con confidencialidad y éstos estén protegidos en tanto no se autorice su uso o difusión por la propia persona?

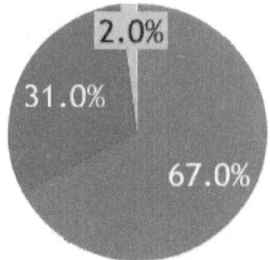

12.- Este derecho se conoce como Protección de Datos Personales, ¿Sabía o había escuchado hablar usted de esto?

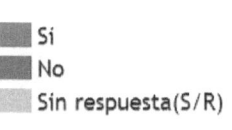

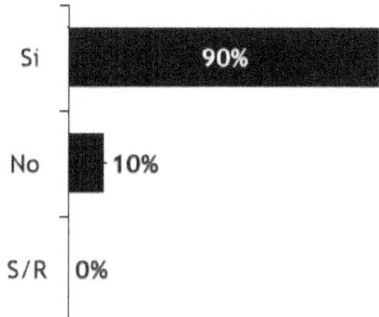

CONCLUSIONES GENERALES SECCIÓN I.

• Al cuarto trimestre de 2015, 69% de los habitantes del Estado de Durango han escuchado que cualquier persona tiene derecho a conocer la información pública del gobierno estatal o municipal; en tanto que, 30.8% declaró que no ha escuchado al respecto.

• En el mismo sentido, 83% de los ciudadanos, en el Estado de Durango, sabe o ha escuchado hablar sobre "Derecho de Acceso a la Información Pública Gubernamental". Congruentemente, 81% de las personas saben que existe una Ley de Transparencia y Acceso a la Información Pública para el Estado de Durango que garantiza este derecho.

- En este contexto, en promedio, 39.5% de los ciudadanos considera positivo que se pueda consultar la información gubernamental; mientras que 27.2% declaró que no. Poco más de un tercio o 33.3% no sabe o no contestó.

- Los ciudadanos destacan que conocer la información gubernamental permite saber en qué se gastan los recursos públicos (54%); en contraste, 40% considera que ello no les genera ningún tipo de beneficio (económico, laboral, personal o de otro tipo). Llama la atención la "opinión dividida" en el tema sobre evitar o controlar la corrupción: 31% cree que se evita con difusión mientras el mismo porcentaje se resigna y cree que eso no es posible.

- Sin embargo, a pesar de que poco más de dos tercios de los ciudadanos o 64% sabe que el Gobierno tiene la obligación de hacer pública la información sobre su desempeño o gestión, contrasta que 35% aún no lo sabe.

Respecto al tema de protección de datos personales, casi siete (7) de cada diez (10) o 67% de los ciudadanos ha escuchado que cualquier persona tiene derecho a que sus datos personales se manejen con confidencialidad y sean protegidos, en tanto no se autorice su uso o difusión por la propia persona.

- De tal suerte que, 90% o nueve (9) de cada diez (10) duranguenses, sabe o ha escuchado que este derecho se llama "Derecho a la Protección de Datos Personales"; mientras que solo 10% lo desconoce.

Sección II. Necesidades e interés de la Información Pública

13. ¿A usted le interesaría informarse sobre lo que hace el Gobierno Estatal y los Municipales?

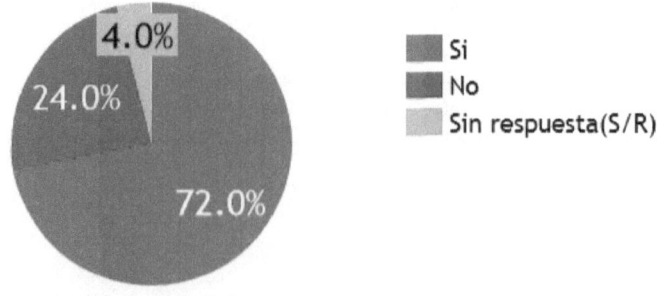

14.- Con respecto a Servicios Públicos Estatales y Municipales, ¿Qué tanto le interesaría conocer acerca de...

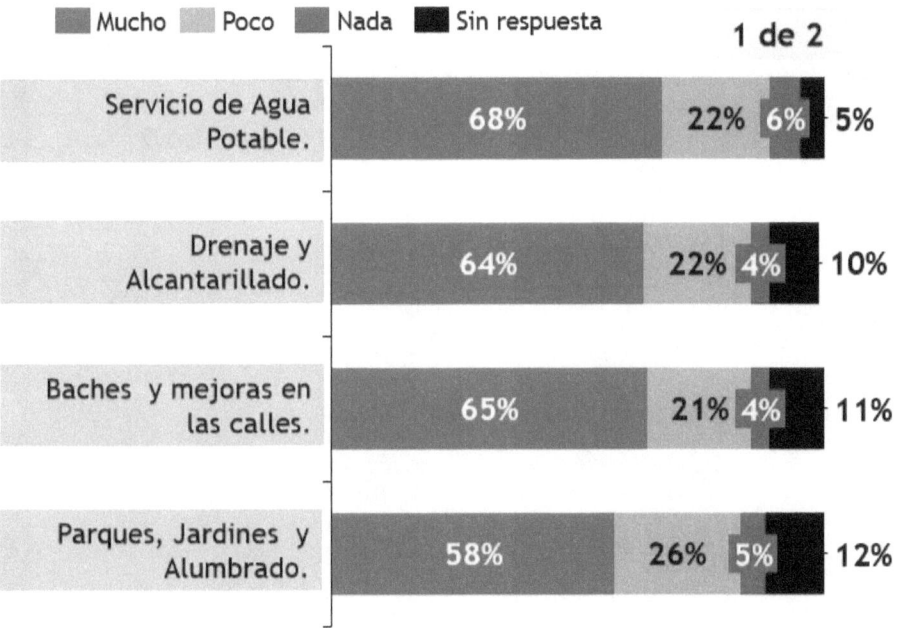

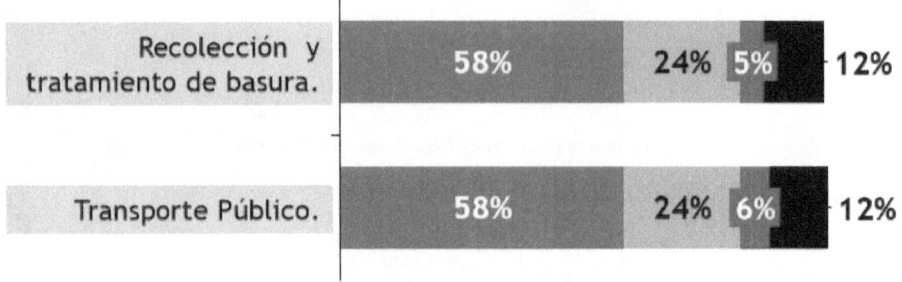

14.- Con respecto a Servicios Públicos Estatales y Municipales, ¿Qué tanto le interesaría conocer acerca de...

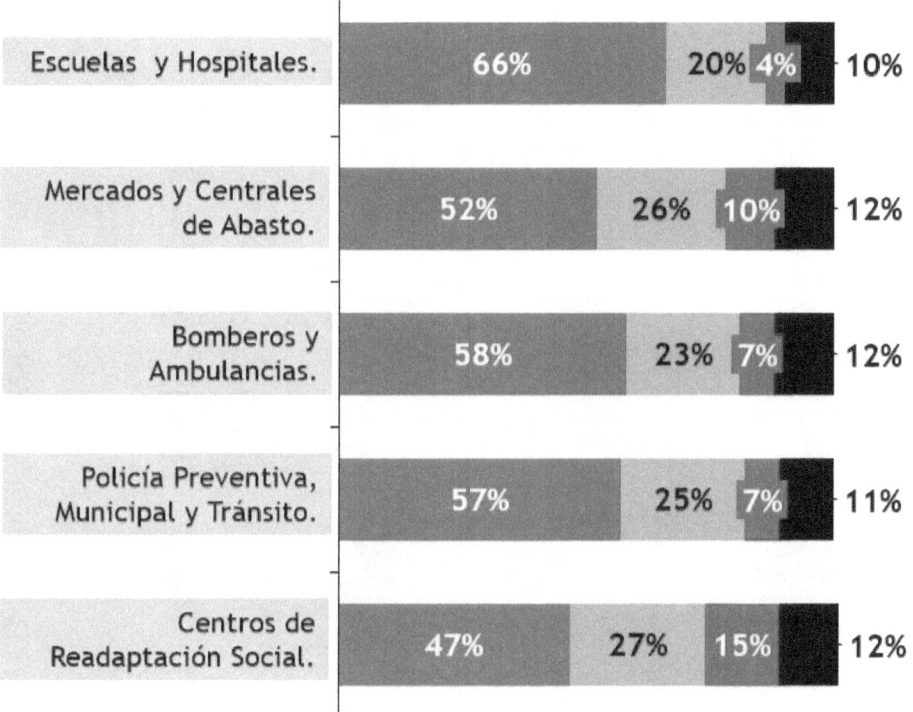

15.- Con respecto al Gobierno Estatal y los Municipios, ¿Qué tanto le interesaría conocer acerca de…

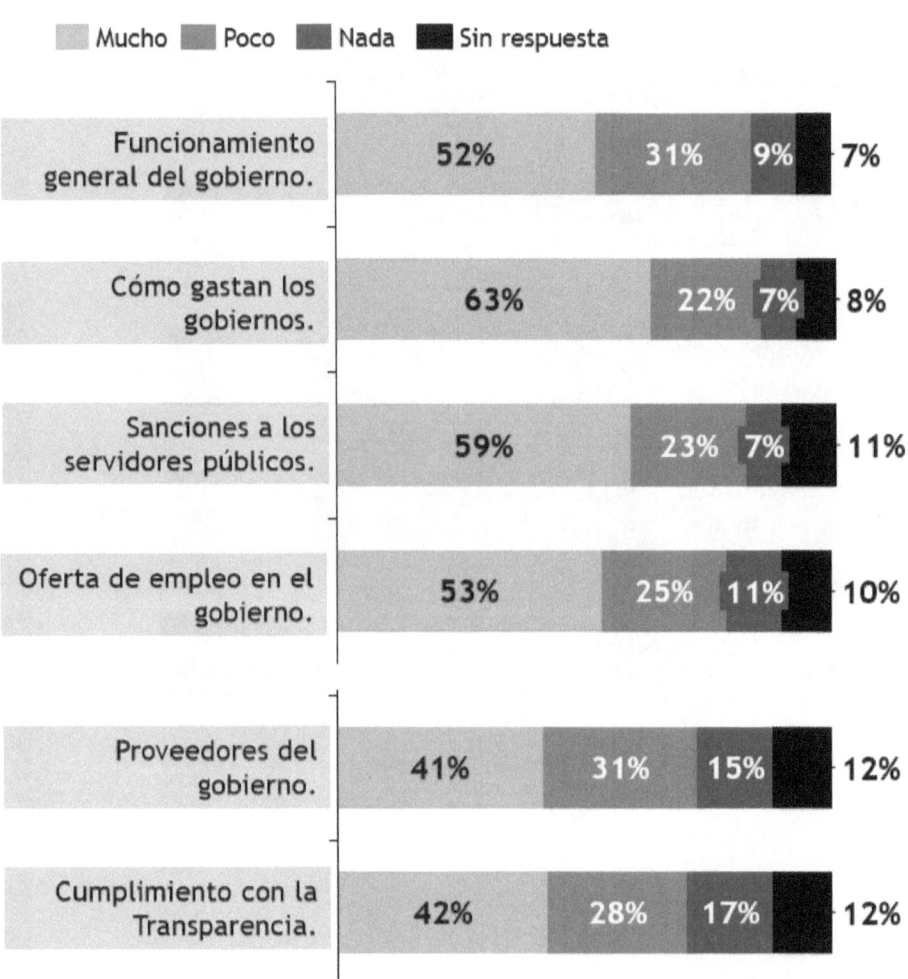

16.- Con respecto a los Programas Sociales Estatales y Municipales, ¿Qué tanto le interesaría conocer acerca de...

17.- Sobre el Desarrollo del estado de Durango y sus Municipios, ¿Qué tanto le interesaría conocer acerca de...

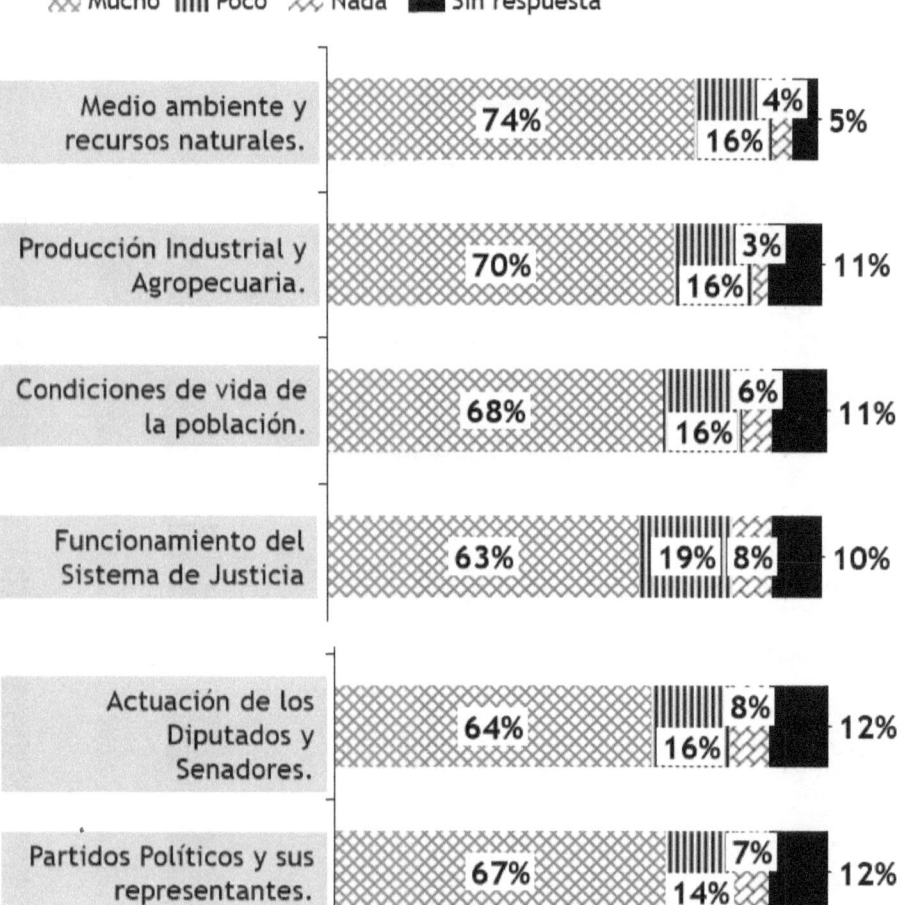

18.- Si usted solicitara información al Gobierno Estatal o a los Municipales, ¿Tendría confianza en que le darían datos…

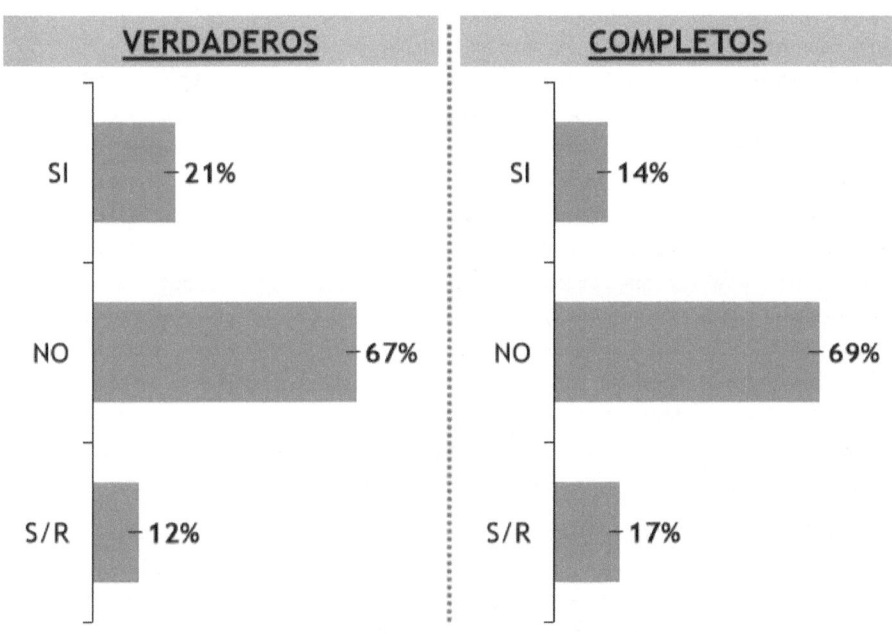

19.- Si usted solicitara información al Gobierno Estatal o a los Municipales, ¿Cree que el trámite sería…

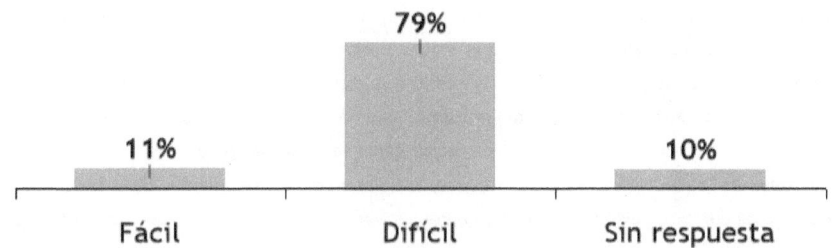

CONCLUSIONES GENERALES SECCIÓN II.

• En lo que respecta la necesidad e interés de la ciudadanía por la información pública, siete (7) de cada diez (10) ciudadanos o 72%, muestran interés por informarse acerca de lo que hace el gobierno; a una cuarta parte de los duranguenses o 24% no le interesa; en tanto que, 4% prefiere omitir su opinión al respecto. • En este sentido, en promedio, 59.1% de los ciudadanos se interesa en conocer "mucho" sobre servicios públicos gubernamentales; 23.5% se interesa "poco"; y 6.6% no quiere conocer nada al respecto; un 10.8% no emitió respuesta (No contestó). Entre los servicios públicos que generan más interés (por encima del promedio) por parte de la ciudadanía destacan: Agua potable (68%); drenaje y alcantarillado (64%); y lo relacionado con baches, mejora de calles y señalamientos viales (65%). En contraste, los servicios públicos menos interesantes para el ciudadano están: centros de readaptación social (47%), la policía preventiva, municipal y de tránsito (57%). • Ahora bien, en promedio, poco más de la mitad de los duranguenses o 51.9% se interesan "mucho" en conocer acerca del gobierno estatal y municipal; 26.8% se interesa "poco"; 11.2% no se interesa en nada; mientras, 10.1% omitió respuesta (No contestó). Entre los aspectos más relevantes, muy por encima de la media, destaca el tema de cómo gastan los gobiernos los recursos públicos (63%), y qué sanciones reciben los funcionarios públicos que no cumplen sus obligaciones. Entre lo que interesa menos aparece: aquellos datos que le han solicitado a los gobiernos y fueron entregados oportunamente y quiénes son los proveedores de estos gobiernos.

• También, en promedio, casi siete (7) de cada diez (10) o 68% de los duranguenses se interesan en los programas sociales que promueve el gobierno; 16% se interesa poco; 6% no se interesa; y 10% no contestó al respecto. Entre los aspectos más relevantes acerca de los programas sociales, por encima de la media, destaca: conocer cuáles programas sociales tiene el gobierno (74%) y cuándo y dónde se realizan campañas de salud (70%). Entre lo que interesa menos está: conocer quiénes son los que reciben ayuda de los gobiernos (63%) y los apoyos que existen en caso de desastres naturales. • Sobre desarrollo social, en promedio, cuatro (4) de cada diez (10) o 43% de los entrevistados se interesan "mucho" en el desarrollo del Estado de Durango y sus municipios; 36% se interesa poco; 11% no se interesa en nada; y 10% no emitió comentario al respecto (No contestó). Destacan las condiciones de vida de la población (50%) como el asunto que interesa mucho para conocer sobre Durango; mientras que acerca de los partidos políticos y sus representantes es lo que menos le interesa al ciudadano. • Y con respecto a la confianza en recibir información del gobierno, solo dos (2) de cada diez (10) o 21% de los habitantes del Estado de Durango tiene confianza en recibir datos verdaderos en caso de solicitarlos; en contraste, casi siete de cada diez o 67% no lo cree así. De manera congruente, 69% de los entrevistados cree que, de dar información, el gobierno la proveerá incompleta. Paralelamente, casi ocho

(8) de cada diez (10) o 79% de los ciudadanos perciben que si solicitan información al gobierno del Estado y/o a los Municipios, creen que el trámite resultaría difícil.

Sección III. Conocimiento de Medios y Procedimientos de Acceso a la Información

20.- ¿Conoce o ha oído hablar del IDAIP: Instituto Duranguense de Acceso a la Información Pública y de Protección de Datos Personales?

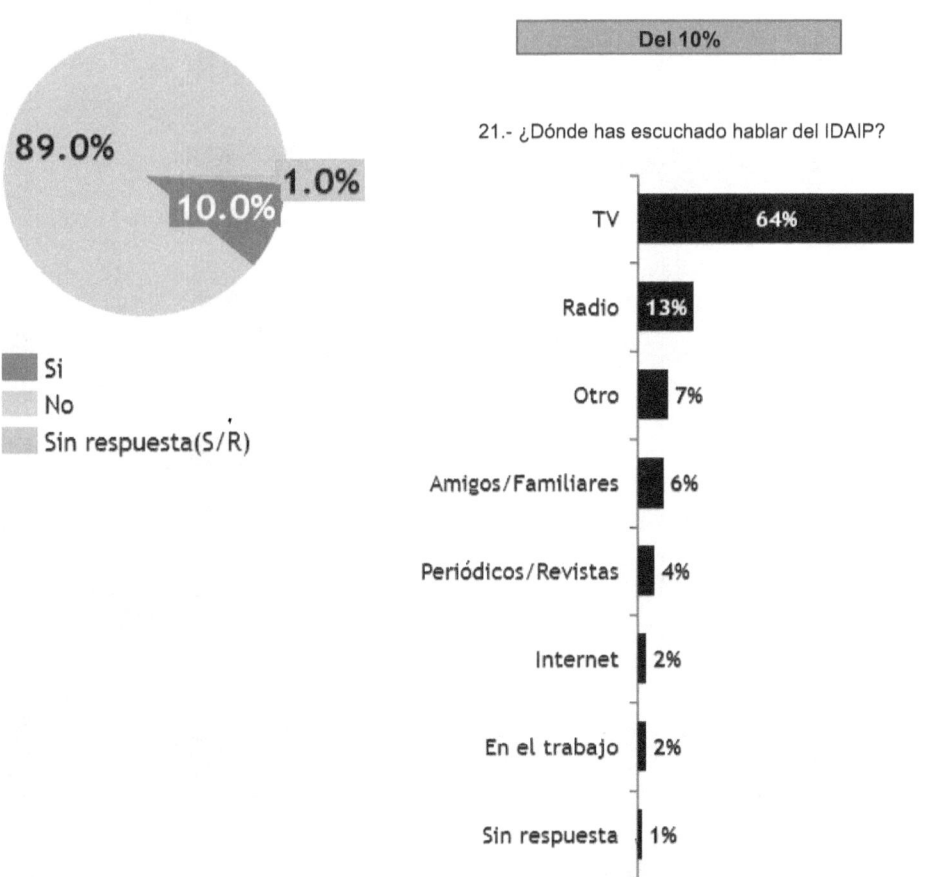

22.- De lo que conoce o ha oído, ¿Usted cree que el IDAIP…

Del 10%

Mucho | Poco | Nada | Sin respuesta

	Mucho	Poco	Nada	Sin respuesta
Promueva la cultura de Transparencia.	60%	31%	8%	1%
Obliga a los gobiernos a entregar información.	46%	35%	8%	11%
Ayuda a las personas con sus trámites.	45%	36%	8%	11%
Evita actos de corrupción.	36%	45%	11%	8%
Garantiza la protección de datos personales.	46%	32%	11%	11%
Ayuda a difundir la información de gobierno.	45%	35%	10%	11%

23.- El IDAIP tiene completa autonomía y debe cuidar que el Gobierno entregue la información que le es solicitada, ¿Sabía usted de ello?

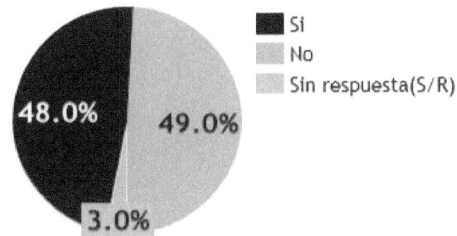

24.- Por favor, dígame ¿Si usted conoce los medios para solicitar información?

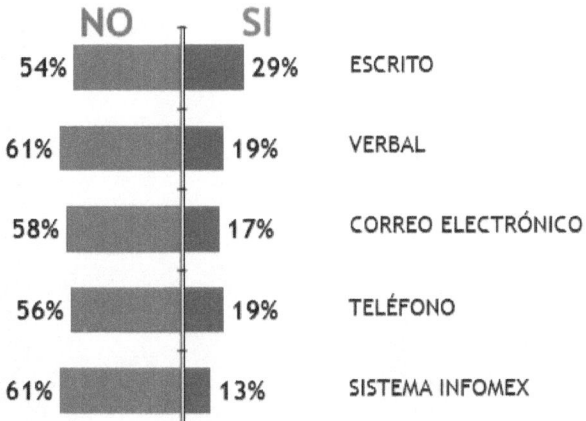

25.- El Gobierno del Estado y los Municipios ya han entregado información sobre los siguientes temas, ¿De cuáles de ellos le interesaría conocer más...

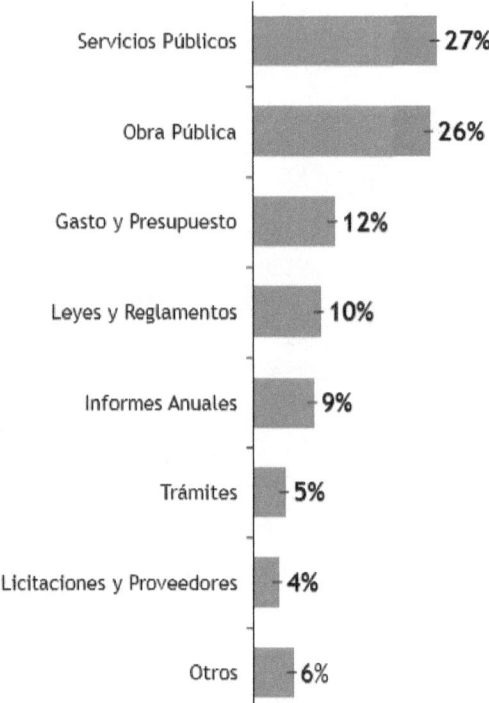

CONCLUSIONES GENERALES SECCIÓN IV.

• Respecto al reconocimiento y posicionamiento institucional, solo uno (1) de cada diez (10) o 10% de los habitantes del Estado de Durango conoce o ha oído hablar del Instituto Duranguense de Acceso a la Información Pública (IDAIP). De este segmento, poco más de dos terceras (2/3) partes o 64% ha escuchado hablar del IDAIP por televisión y 13% a través de la radio, preferentemente. En "otro" (7%) destacan respuestas como: en las oficinas del Ayuntamiento, a través del celular, en el servicio militar, en la escuela y en el trabajo, como las respuestas más representativas. En menor medida, 6% de los ciudadanos conoce o ha escuchado del IDAIP entre amigos y familiares; 4% a través del periódico o las revistas; 2% a través del internet y en su lugar de trabajo, respectivamente.

• Del mismo segmento de ciudadanos que reconoce al IDAIP, 60% cree que el Instituto promueve "mucho" la cultura de transparencia en el gobierno estatal y los gobiernos municipales. En contraste, 45% cree que ayuda "poco" y 11% "nada" a evitar actos de corrupción del gobierno estatal y los gobiernos municipales; 43% considera que el IDAIP "poco" y "nada" garantiza la protección de nuestros datos personales; y 45% ayuda "poco" y "nada" a difundir la información gubernamental. Y en lo que concierne al tema de autonomía institucional del IDAIP, la opinión está dividida entre los duranguenses: 49% no sabía de la autonomía; en tanto que, 48% manifestó que sí.

• En cuanto a la forma en que se solicita información, entre los duranguenses destaca, por encima de todos, 29% que refiere o conoce el modo escrito para solicitar información; le sigue la forma verbal (en sitio) con 19%; y el correo electrónico con 17%. Cabe resaltar que el sistema INFOMEX es el medio menos conocido por los ciudadanos (61%).

• En este sentido, con base en la información típica que los gobiernos (estado y municipios) normalmente entregan y ponen a disposición de los ciudadanos, 27% de los entrevistados refiere que le gustaría conocer más acerca de servicios públicos; 26% de obra pública; y 12% sobre ejecución del gasto y presupuesto. En "otro" (4%) destacan respuestas como: becas a estudiantes, educación e impartición.

Sección V. Prácticas de acceso a la Información Pública.

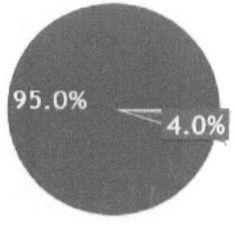

26.- ¿Usted ha realizado alguna solicitud de información pública al Gobierno Estatal o Gobiernos Municipales?

Del 4%

27.- ¿A qué Institución acudió a realizar su solicitud?

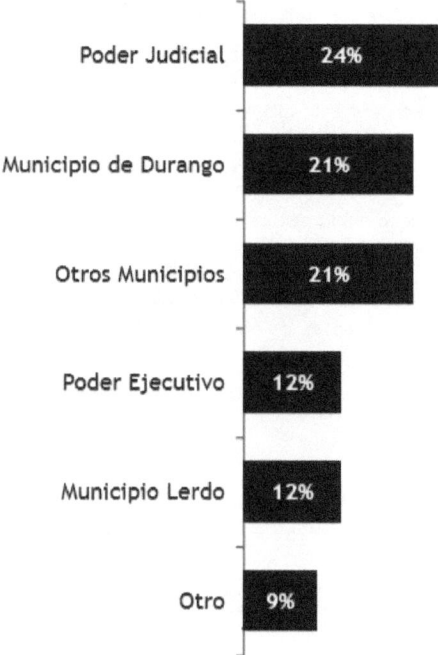

Institución	%
Poder Judicial	24%
Municipio de Durango	21%
Otros Municipios	21%
Poder Ejecutivo	12%
Municipio Lerdo	12%
Otro	9%

28.- ¿Qué medio utilizó?   Del 4%

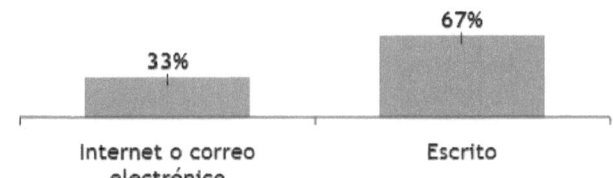

29.- Por favor, dígame si…

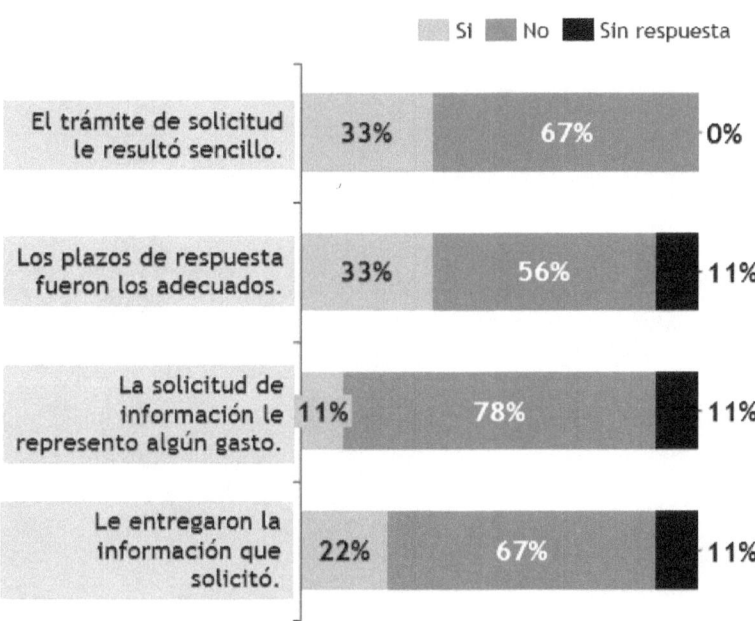

30.4.- ¿Le entregaron la información que solicitó?

Del 67%

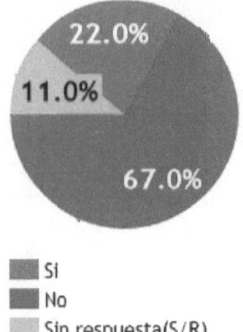

Si
No
Sin respuesta(S/R)

31.- ¿Qué hizo usted al no recibir la información solicitada?

- Nada 50%
- Otra solicitud 16%
- Otro 17%
- Sin respuesta 17%

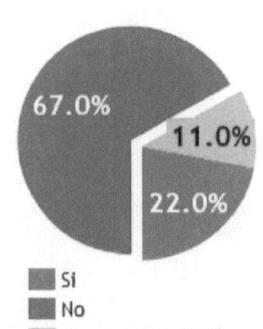

30.4.- ¿Le entregaron la información que solicitó?

Si
No
Sin respuesta(S/R)

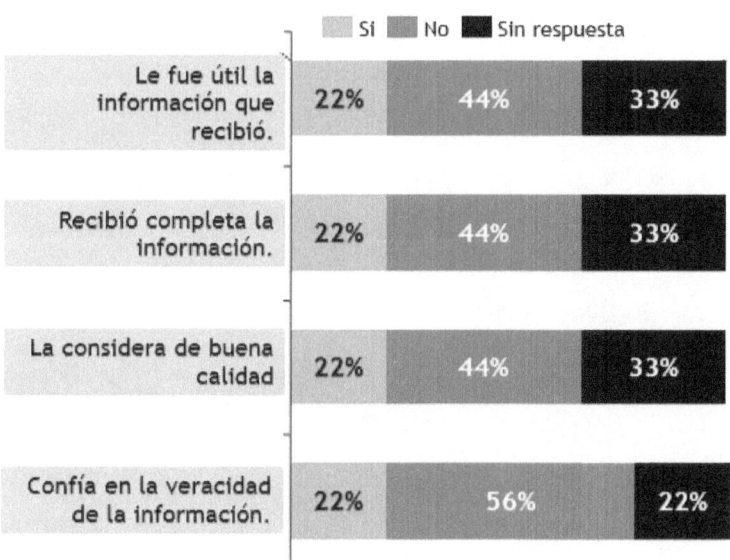

32.- ¿Cuál es la razón por la que no ha solicitado información?

Del 96% que no ha solicitado información pública

CONCLUSIONES GENERALES SECCIÓN V.

• En cuanto a la forma de solicitar información por parte de los ciudadanos, solo cuatro (4) de cada cien (100) o 4% de los habitantes del Estado de Durango han realizado alguna solicitud de información pública al gobierno estatal o gobiernos municipales.

• De este segmento de ciudadanos que sí ha realizado alguna solicitud de información pública en Durango, uno (1) de cada cuatro (4) o 24% la realizó al Poder Judicial; 21% al municipio de Durango; y 21% la dirigió hacia "otros municipios", entre los que destaca: Gómez Palacio, Pueblo Nuevo, Guadalupe Victoria y Vicente Guerrero. En la respuesta otro (9%), destaca: SAGARPA, SEDESOL y SEDATU del gobierno federal; y la Secretaría de Finanzas del Estado de Durango.

• Del mismo segmento de ciudadanos (4%) que sí ha realizado alguna solicitud de información pública en Durango, tres (3) de cada diez o 33% lo hizo a través de internet o correo electrónico; mientras que, 67% de forma escrita. De este mismo segmento, destaca 78% que la solicitud de información le causó o representó algún gasto; y 67% refiere que el trámite no le resultó sencillo y tampoco le entregaron la información que solicitó, respectivamente.

• Ahora bien, de aquellos que realizaron una solicitud de información (4% de los ciudadanos) y no recibieron la información solicitada, la mitad o 50% no hizo nada al respecto; 16% presentó otra solicitud; y 17% argumentó que "otro", entre lo que destaca: "…acudió con un conocido que labora en el gobierno para que le ayudara a resolver el asunto u obtener la información…"

• De aquellos que realizaron una solicitud de información (4% de los ciudadanos) y sí recibieron la información solicitada, la mitad o 56% confía en la veracidad de la información que le proporcionaron; y 44% argumenta que le fue útil, la recibió completa y la considera de buena calidad, respectivamente.

• Y del universo de ciudadanos que no realizó alguna solicitud de información a instituciones gubernamentales (96%), casi cuatro (4) de cada diez (10) o 38% argumenta que es porque no le interesa o no la ha necesitado; 19% refiere que no sabe a quién o cómo solicitar la información; y para 12% es una pérdida de tiempo y no sabe qué preguntarle al gobierno, respectivamente. En "otra" (3%) destacan las siguientes respuestas: Ignorancia, falta de tiempo, no obtendría beneficios, la información es falsa, por desidia, tardan mucho, nos ignoran, no sabe que se puede solicitar información, no tiene tiempo, entre lo más representativo

Conclusiones

Los tópicos de información pública y transparencia han permeado poco a poco a través de todo el estado y en los estratos de ingresos más altos.

• Se registra un mayor conocimiento de este tema en la región central (capital) del estado de Durango.

• Por NSE, se nota una mayor información en los niveles de ingresos medios y altos, comparados con los niveles de ingresos bajo.

La percepción de que el acceso a la información ayuda a que los gobiernos sean menos corruptos esta más extendida hacia el interior del estado de Durango que en la región de la capital.

Hacia el interior del estado de Durango, Región Lagunera y resto de las regiones, se muestra un mayor interés por la información de la gestión y administración de los gobiernos (independientemente del nivel de ingresos).

A pesar del conocimiento de temas de acceso a la información en el estado de Durango, la Institución encargada de conducir estos esfuerzos (IDAIP) es poco conocida, sobre todo al interior del mismo.

Las solicitudes de acceso a la información por región han sido como sigue: − Región Durango: 7.1% − Región Laguna: 3.0% − Resto de las Regiones: 2.4%

ANÁLISIS ESTRATÉGICO. POR REGIÓN / NSE.

• Al cuarto trimestre de 2015 y considerando todo el estado de Durango, 4% de los ciudadanos realizó una solicitud de información pública.

Bibliografía:

Compte, Augusto.(1844). Discurso sobre el espíritu positivo.

Ackerman, John. (2013a). Biden's visit to Mexico: what you should know, Joe. *The Guardian*.
Ackerman, John. (2013b). Mexico's Peña Nieto Plan Glosses Over Reality. *Insight Crime*.
Aleman, Vanessa. (2015). Aprueba el INE esquema de coordinación con OPLES para elecciones 2016. *Quadratin México,*.
Ascención, Arturo, & Martínez, Darío. (2015). La SFP descarta conflicto de interés en la compra de la 'Casa Blanca'. *Cnn México*.
Auditoria Superior de la Federación. (2011). Informe sonre la Fiscalización Superior del Monumento Estela de Luz Retrieved 29 Octubre 2015, 2015, from
  http://www.asf.gob.mx/uploads/56_Informes_especiales_de_auditoria/Estela_Luz_Nv.pdf
Bovens, Mark. (2002). Information Rights: Citizenship in the Information Society. *Journal of Political Philosophy, Vol. 10*(3), 317.
Cámara de Diputados del H. Congreso de la Unión LXI Legislatura (2009). Exposición de Motivos. from
  file:///C:/Users/Cristi%C3%A1n/Downloads/exposocion_motivos.pdf
Cerezo, José A. López. (1998). Filosofía de la Tecnología. Sala de lectura CTS+I. *Teorema*

Revista internacional de filosofía, Vol. XVII/3 1998.
DE Regil, Miriam. (2015). México, peligroso para ejercer periodismo: Freedom House. *El Financiero*.
DOF. (2002a). Decreto del Instituto Federal de Acceso a la Información Pública. *Diario Oficial de la Federación*.
DOF. (2002b). Ley Federal de Transparencia y Acceso a la Información Pública Gubernamental. *Diario Oficial de la Federación*.
Doyle, Kate. (2003, diciembre 2003). Comentarios sobre la Ley Federal de Transparencia y Acceso a la Información Pública Gubernamental. *Derecho Comparado de la Información*. Retrieved 17-02-2016, 2016, from
  http://www.juridicas.unam.mx/publica/librev/rev/decoin/cont/2/cmt/cmt7.pdf
Dyrberg, Peter. (1997). El acceso público a los documentos y las autoridades comunitarias. *Revista de Derecho Comunitario Europeo, Núm. 2*, 385.
Economista, El. (2015). PGR da a conocer versión pública del caso ayotzinapa. *El Economista*.
Etcetera. (2009). La transparencia según Calderón. *Etcetera*. 13 Agosto 2009. 13 Noviembre 2015, from
  http://www.etcetera.com.mx/articulo.php?articulo=1050
Europa. (2008). *Convenio del Consejo de Europa sobre el Acceso a los Documentos Públicos*. Europa: Retrieved from
  http://www.oas.org/es/sla/ddi/docs/acceso_informacion_desarrollos_convenio_consejo_europeo.pdf.
Europeas, Diario Oficial de las Comunidades. (2007). *Tratado de Lisboa*. Diario oficial comunidades Europeas.
Europeo, Parlamento. (30 mayo 2001). *Reglamento CE*. dossier.
Financiero, El. (2013). Denuncian Transparencia Simulada en San Lázaro. Retrieved 1 Octubre de 2015, from
  http://www.elfinanciero.com.mx/component/content/article/47-politi-casociedad/17411-denuncian-transparencia-simulada-en-san-lazaro.html
Galindo, Garfias Ignacio. (1995). Derecho Civil Primer Curso. In Porrua (Ed.), (Vol. 19 Edicion, pp. 334).
Gómez, Gallardo Perla. (2012). Análisis de la propuesta de autonomía constitucional del IFAI presentada por Enrique Peña Nieto. [21 Octubre].
Gómez, Rodrigo, Sosa-Plata, Gabriel, Téllez Girón, Primavera, & Bravo, Jorge. (2011). Mapping Digital Media: México. *Open Society Foundations*. from
  https://www.opensocietyfoundations.org/sites/default/files/mapping-digital-media-mexico-20130605_0.pdf
Gurrea, C. (2013). Pemex da al sindicato 1.7 mil mdp en siete años" en El Financiero. México. 19 de Octubre, from
  http://www.mediasolutions.com.mx/ncpop.asp?n=201303190344517401&t=1
Hernández, Godinez Alfonso. (2010a). *El acceso a la información pública, un derecho de nueva generación.* (Dr.), Universidad Carlos III Madrid.

Hernández, Godinez Alfonso. (2010b). *El acceso a la información pública, un derecho de nueva generación*. (Dr.), Universidad Carlos III Madrid.
idaip. (2004). Los primeros pasos del órgano garante en Durango. 20016, from http://idaip.org.mx/quees.html
IFAI. (2004). México entra en la era de la transparencia. *I*, 87. http://inicio.ifai.org.mx/Publicaciones/ensayos9.pdf
IFAI. (2011). *IFAI 9° Informe de labores al H. Congreso de la Unión*.
IFAI. (2014, 2014). Informe de labores 2014. Retrieved 17 noviembre 2015, 1, from http://inicio.ifai.org.mx/Publicaciones/Informe%20de%20labores%202014.pdf
INAI. (2014). Los Siete Comisionados del IFAI rindieron protesta en el senado de la republica. from http://inicio.ifai.org.mx/Comunicados/Comunicado%20IFAI-028-14.pdf
INAI. (2015). IFAI CAMBIA DE NOMBRE A INAI. 2016, from http://inicio.ifai.org.mx/Comunicados/Comunicado%20INAI-001-15.pdf
Instituto Nacional Electoral. (2015). Covocatoria OPLES 2015. Retrieved 17 Noviembre 2015, from http://www.ine.mx/archivos2/portal/Estados/OPL/convocatorias2015.html
Johnn, Soma. (1991). Privacy Law in a nushell *West academic Publishing* (Vol. 2nd Edición).
johnston, michel. (2005). Es posible Medir la corrupción, ¿pero podemos medir la reforma? *Revista Mexicana de sociologia, 67(2)*, 357-377.
Lopez, Ayllón Sergio, & Merino, Huerta Mauricio. (2015). La rendición de cuentas en México: Perspectivas y Retos. In Secretaria de la función publica (Ed.), (pp. 16).
México CNN. (2013). Peña nieto publica su declaración patrimonial sin el valor de los bienes. Retrieved 11 noviembre 2015, from http://mexico.cnn.com/nacional/2013/01/16/pena-nieto-publica-su-declaracion-patrimonial-sin-el-valor-de-los-bienes
Montalvo, Tania. (2013, 16 enero 2013). Peña Nieto publica su declaración patrimonial sin el valor de los bienes. *CNN México*. Retrieved 20 septiembre 2015, from http://mexico.cnn.com/nacional/2013/01/16/pena-nieto-publica-su-declaracion-patrimonial-sin-el-valor-de-los-bienes
Novoa, Monreal Eduardo. (1981). Derecho a la vida privada y libertad de información *Siglo Ventiuno* (Vol. 1, pp. 44).
O'Callaghan, Muñoz Xavier. (1991a). Libertad de expresion y sus limites honor, intimidad e imagen *Editorial de Derecho Reunidas SA* (Vol. 1, pp. 87).
O'Callaghan, Muñoz Xavier. (1991b). Libertad de expresion y sus limites honor, intimidad e imagen *Editorial de Derecho Reunidas SA* (Vol. 1, pp. 105).
O'Donnel, Guillermo. (1994). Delegative Democracy. *Journal of Democracy, 5*, 55-69.
Ortega, Eduardo. (2015). Peña Nieto promulga ley general de transparencia *El Financiero, 4-05-2015*.
Pacheco, Fernando. (2002). Verdades a medias: acerca de la Ley de Transparencia Gubernamental mexicana. *Revista Latina de Comunicación Social, junio-septiembre*.
Padrón, Hilda Santos. (2011). La filosofía de la ciencia y su aplicación en el área de la salud. *Revista Habanera de Ciencias Médicas, 10*, 521-531.
Partnership, International Budget. (2012). opne budget survey 2012. [15 Octubre de 2015]. *Open Budgets. Transforms Lives*.
Peña, Enrique. (2015). Palabras de Enrique Peña Nieto durante la Cumbre Global de Gobierno Abierto. *Rario Formula, 28 Oct 2015*.
POLÍTICA, RED. (2012). Los compromisos de Peña Nieto. *RED POLÍTICA, 8 diciembre 2012*.
Proceso. (2013). Perdona SAT deuda por más de 3 mil mdp a Televisa. *Proceso*.
Ramon, Muñoz Gutiérres. (2013). Más allá de romper paradignas. *conecta, I*.
Rawlin, Brad. (2008). Measuring the Relationship between Organizational Transparency and Employee Trust. *Public Relations Journal, Vol 2(2)*.
Real Academia Española. (Ed.) (2014) Diccionario de la lengua española (PDF ed., Vols. 23).
Rodriguez, Cortés Raul. (2012). IFAI: edificio nuevo y opaco. *El Universal México, 31 Octubre*.
Sandoval, Ballesteros Irma. (2006). Leyes de Acceso a la información en las grandes metropolis. *Guerrero chipres, Salvador*.

Sandoval, Ballesteros Irma. (2007a). Opacity in the Management of Public Resources: The case of Government Trust Funds. *Fox, 1*.
Sandoval, Ballesteros Irma. (2007b). Rendición de cuentas y fideicomisos: el reto de la opacidad financiera. *Auditoria Superior de la Federación, Núm. 10*.
Sandoval, Ballesteros Irma. (2013). Hacia un proyecto "democrático-expansivo" de transparencia. *Revista Mexicana de Ciencias Políticas y Sociales UNAM*.
Secretaria de Hacienda y Credito Público. (2014). Presupuesto de egresos de la federación 2015, fondos y fideicomisos. Retrieved 13 noviembre 2015, from
    http://www.apartados.hacienda.gob.mx/presupuesto/temas/pef/2014/docs/08/r08_i6l_feff.pdf
Senado de la Republica. (2015). Proceso de dictaminación en materia de combate a la corrupción. *LXIII Legislatura*.
Suprema Corte de Justicia de la Nación. (2015). CULTURA DE LA LEGALIDAD.Los posibles significados de una frase que debiera ser parte de nuestra vida cotidiana. Retrieved Noviembre 2015, 2015, from
    http://www2.scjn.gob.mx/Ministros/oscgv/Public/CULTURA%20DE%20LA%20LEGALIDAD.pdf
Unión Europea, Dossier. (1992). *Boletin de Documentación*. Centro de Estudios Políticos y Constitucionales: 1992.
Vannevar, Bush. (1945). As we may think. *Life Magazine, 1*.
Vega, Casillas Salvador. (2008). Anti-Corruption in the Federal Civil Service: Instruments, Mechanisms, and Best Practices. [Septiembre 2015]. *Revista de Administración Pública, Vol. XLIII*, 227-248.
Venegas, Juan. (2000). En Otra Ventana. *La jornada, Capitulo I*.
Weber, Max. (1864-1920). Teoría de la burocracia. *Sociologia*. from http://www.psicologia-online.com/pir/teoria-de-la-burocracia.html

www.ingramcontent.com/pod-product-compliance
Lightning Source LLC
Chambersburg PA
CBHW031416210526
45464CB00005B/1915